MACK

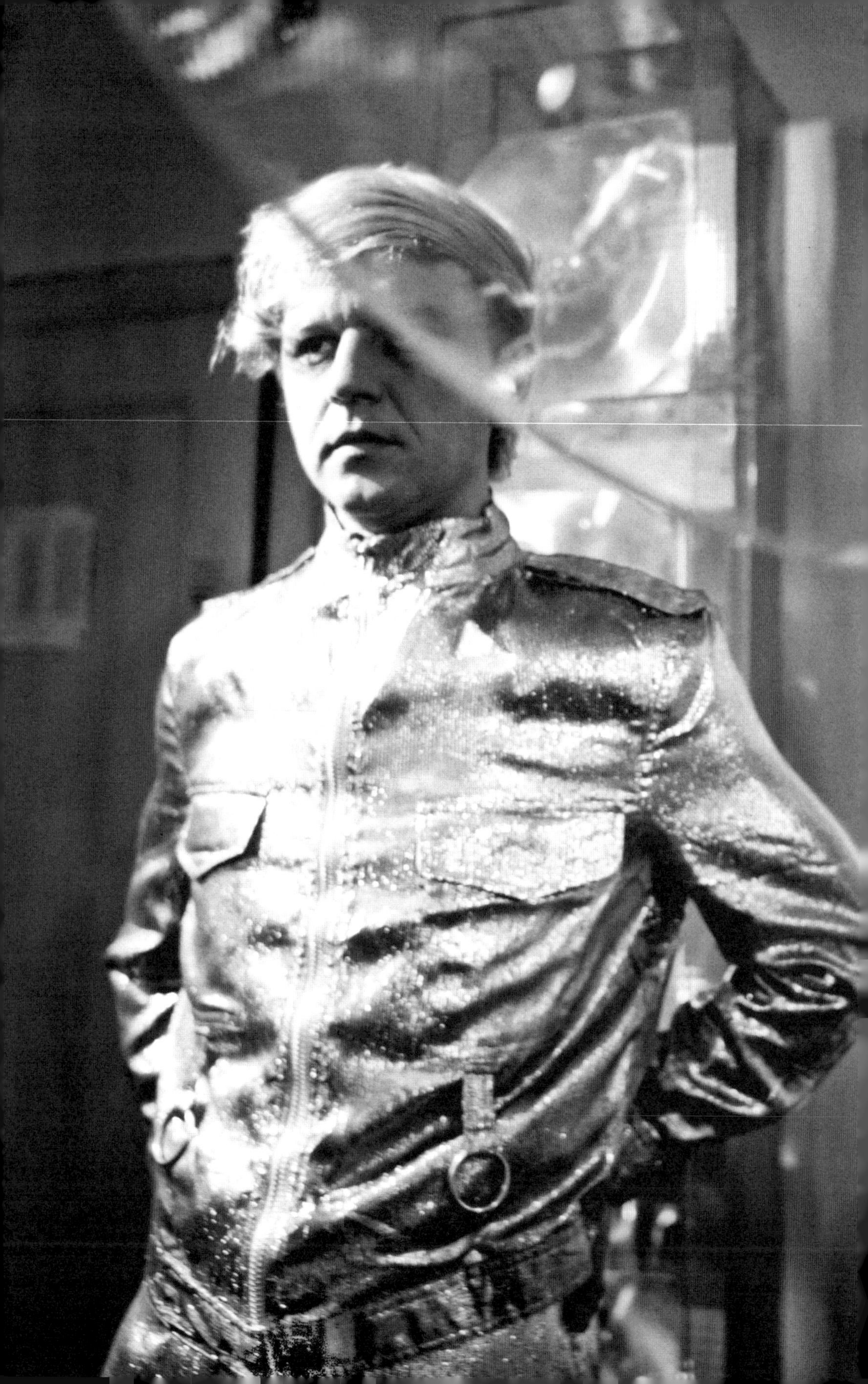

JÜRGEN WILHELM (HG.)
IN ZUSAMMENARBEIT MIT DER
ZERO-FOUNDATION

MACK

IM GESPRÄCH

ANNETTE BOSETTI
IN GESPRÄCHEN MIT

UTE MACK
PAUL WOLTERS
HANS EMMERLING
BEAT WISMER
GÜNTHER UECKER
WILLI KEMP
VOLKMAR HANSEN
FRIEDHELM HOFMANN
FRITZ BAGEL
VALERIE HILLINGS
ERIKA HOFFMANN
HANS MAYER
JAN RÜGGEBERG

HIRMER

Mit freundlicher Unterstützung

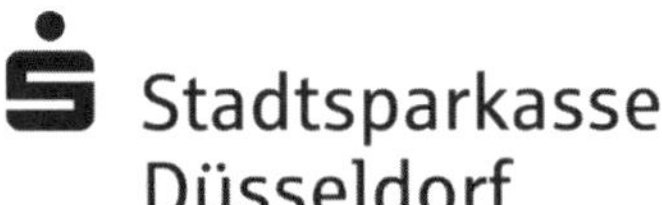

VORWEG GEHEN

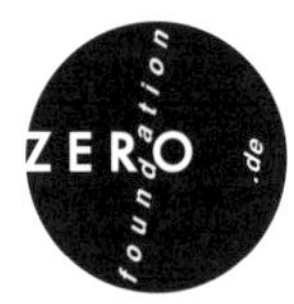

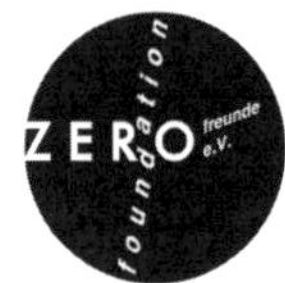

INHALT

VORWORT

Es sind Freunde, Sammler und Weggefährten, die sich in diesem Buch zu dem weltbekannten Künstler Heinz Mack äußern. Vornehmlich geht es um Erinnerungen von Persönlichkeiten, die Heinz Mack seit Jahrzehnten kennen, ihm auf vielfältige Art und Weise begegnet und von ihm und seiner Kunst begeistert sind und von nachhaltigen Eindrücken zu erzählen wissen. So individuell die einzelnen Persönlichkeiten sind, die von Annette Bosetti befragt wurden, so unterschiedlich sind naturgemäß auch die wiedergegebenen Fakten, Empfindungen und Einschätzungen sowie die biografische Nähe, die jeden Einzelnen mit Heinz Mack verbinden. Die Gespräche fördern einiges in Vergessenheit Geratene ebenso zutage wie völlig neue Aspekte und Teile authentischer Lebenshistorie, wie sie noch nirgendwo vorher publiziert wurden. Hinzu kommen die vielen Fotografien, die die Texte im besten Sinne illustrieren sollen, häufig aber auch individuelle Eindrücke des Künstlers Heinz Mack, seiner Arbeitsweise oder seiner persönlichen Umgebung spiegeln. Heinz und Ute Mack sowie Frau Bettina Weiand auf dem Huppertzhof sei für ihre hilfsbereite Mitarbeit und den allergrößten Anteil der aus dem Archiv von Heinz Mack zur Verfügung gestellten Fotografien gedankt.

Äußerer Anlass für das Buchprojekt ist die erfolgreiche Arbeit der ZERO-foundation in Düsseldorf. Ihrem Direktor Tijs Visser ist es gemeinsam mit den Künstlern Heinz Mack, Otto Piene, Günther Uecker und anderen Freunden gelungen, die nicht nur für die Bundesrepublik Deutschland bedeutende Künstlerbewegung ZERO über 50 Jahre nach ihrer Gründung im Jahr 1957 wieder in das Bewusstsein der Öffentlichkeit treten zu lassen. Nach der im Jahre 2006 im Museum Kunstpalast durchgeführten Ausstellung durch Gründung der ZERO-foundation im Jahre 2008, der erfolgreichen Auktion der Sammlung Lenz-Schönberg 2011 und nicht zuletzt durch die Galerie-Ausstellung in New York bei Sperone-Westwater 2011 gipfelte die Renaissance in einer fulminanten Schau im renommierten Guggenheim-Museum von ZERO im Oktober 2014 mitten im Herzen der Kunstmetropole New York. Eine weitere große Ausstellung in diesem Zyklus wird Ende März 2015 im Martin Gropius-Bau in Berlin und eine dritte Ende 2015 im Stedelijk-Museum in Amsterdam zu sehen sein. Parallel dazu gibt es Einzelausstellungen der drei deutschen Künstler und vieler Freunde weltweit. Nicht nur die US-Amerikaner haben ZERO und deren Freunde wiederentdeckt, sondern auch in London, Paris, Teheran, Havanna, nicht zuletzt in Bonn, Düsseldorf, Münster und in vielen Museen mehr zeigen Museumsleute unter verschiedenen Aspekten Neues und Bekanntes in sehr unterschiedlichen Kontexten. Bedenkt man, dass sich ZERO bereits 1966 als Gruppe aufgelöst hat, ist es bewundernswert und erstaunlich zugleich, wie die Künstler seit dieser Zeit in schöpferischer Individualität und mit großem Erfolg ihre eigenen Wege gegangen sind. Über Jahrzehnte haben Heinz Mack, Otto Piene und Günther Uecker die internationale Kunstszene mit höchst eigenständigen Arbeiten bereichert und dabei – jeder für sich und auf seine Weise – große Anerkennung erfahren.

Durch seine vielen Skulpturen ist Heinz Mack seit Jahrzehnten im öffentlichen Raum präsent. Es gibt wahrscheinlich niemanden in der zweiten Hälfte des 20. Jahrhunderts, dessen skulpturale Arbeiten in derart vielen städtischen Ensembles ihre künstlerische Wirkung entfalten.

Es gilt, vielfältigen Dank abzustatten. Ohne die äußerst engagierte Arbeit von Annette Bosetti hätte sich die Buchidee nicht verwirklichen lassen. Den Gesprächspartnern danke ich für ihre Bereitschaft, sich auf das Abenteuer einer gedruckten und damit irreversiblen Version ihrer bislang hier und da und zumeist nur mündlich geäußerten Schilderungen einzulassen und dabei viel Neues und auch Autobiografisches preiszugeben. Dies dürfte bei einem am Künstler Heinz Mack, aber auch an den Interviewten selbst interessierten Publikum auf große Aufmerksamkeit stoßen.

Frau Katja Sprenger habe ich für aufmerksame und kritische Assistenz bei allen wesentlichen Fragen der Herausgeberschaft bis zur Fertigstellung des Buches sehr herzlich zu danken. Tijs Visser und dem Team der ZERO-foundation danke ich für die intensive und unentbehrliche Unterstützung des gesamten Projekts. Dem Vorstandsvorsitzenden der RWE-Vertriebs AG, Herrn Carl-Ernst Giesting, und dem Geschäftsbereichsleiter der Stadtsparkasse Düsseldorf, Herrn Stefan Drzisga, danke ich herzlich für die Unterstützung bei der Produktion des Buches.

Jürgen Wilhelm

GRUSSWORT

Die Römer kannten sie überhaupt nicht, die Babylonier konnten nicht mit ihr umgehen, für die Inder war Null gleich Leere. Die Araber brauchten Zero nur, um Handel zu treiben. Erst Heinz Mack, Otto Piene und Günther Uecker erkannten das wirkliche Potenzial: Null oder Zero, die alleine nichts ist, aber anderen zu Größe verhelfen kann. Ende der 1950er Jahre entstand ein Künstler-Magazin als dynamischer Träger oder besser Überträger ihrer Ideen. Mit Hilfe dieser Publikationen wurde ZERO in kurzer Zeit eine internationale Gruppe, mit vielen Ausstellungen in den durch den Krieg zerstörten Ländern. Schnell schlossen sich Künstler aus Italien, Frankreich, Belgien, den Niederlanden, der Schweiz, Südamerika an.

Ein halbes Jahrhundert später sind die Ausgaben von ZERO längst Sammlerstücke, die Ausstellungen Teil der klassischen Kunstgeschichte. Die Aktualität bleibt aber ungebrochen, wie die zahlreichen von der ZERO-foundation initiierten und organisierten Ausstellungen und Publikationen zeigen. ZERO wurde als die größte internationale Künstlerbewegung der Nachkriegszeit neu entdeckt und ist für die heutige Generation eine Bewegung voll inspirierender Ideen.

Die ZERO-foundation sieht es als eine ihrer wichtigsten Aufgaben an, mit Zeitzeugen zu sprechen. Jürgen Wilhelm als Herausgeber und Vorstand unserer Stiftung ergriff die Initiative und Christiane Hoffmans, Annette Bosetti und Bertram Müller wurden gebeten, Sammler, Galeristen, Künstler und Kuratoren, aber auch selten in die Öffentlichkeit tretende Freunde zu interviewen.

So wie die Null andere Zahlen größer macht, wäre ZERO nichts ohne seine Freunde, Sammler und Unterstützer.

Tijs Visser
Gründungsdirektor ZERO-foundation

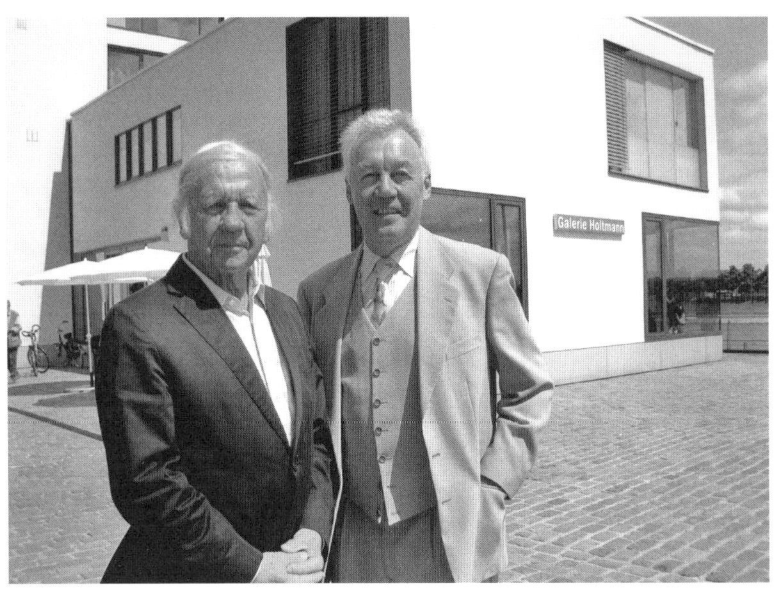

Heinz Mack und Jürgen Wilhelm, Köln 2011

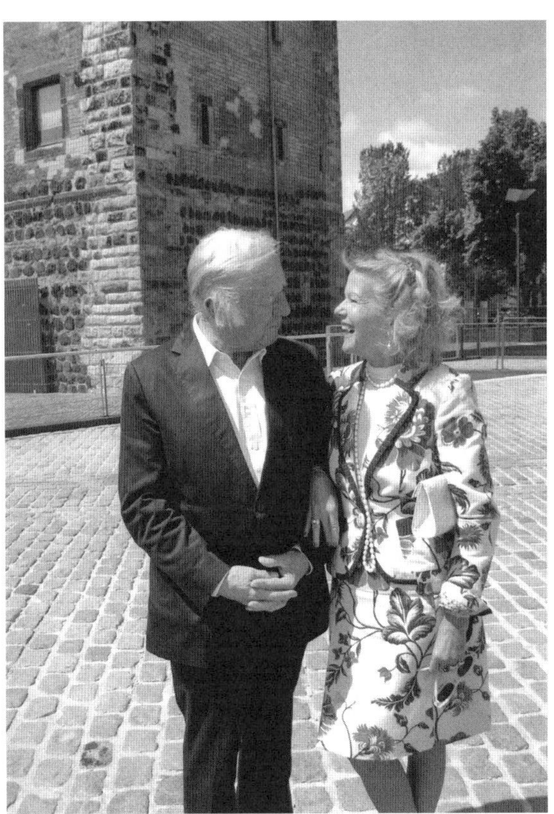

Heinz Mack und Brigitte Wilhelm, Köln 2011

JÜRGEN WILHELM

EINFÜHRUNG

Heinz Mack ist der Mitgründer einer der einflussreichsten und bereits in den fünfziger Jahren des vergangenen Jahrhunderts international tätigen Künstlergruppe ZERO, die er mit Otto Piene gründete und zu der später Günther Uecker stieß. Die Künstler suchten einen neuen Anfang, eine Stunde Null (=ZERO), die von der Vergangenheit unbelastet sein sollte. Nach den Gräueln des Zweiten Weltkriegs setzten sie den Verkrustungen und bereits wieder festgezurrten Einseitigkeiten, zumal des etablierten Kunstbetriebes, eine das Universum umfassende Weltvorstellung entgegen, die sie vor allem auch außerhalb des Museumsbetriebes realisierten. Dies geschah, indem sie in der Alternative zu den alten Kunstwertigkeiten, die sie im Informel und im Tachismus der Nachkriegszeit repräsentiert fanden, eine hoffnungsvolle und idealistische Lebensauffassung sahen. ZERO bezeichnete auch eine Phase des Schweigens und der Stille, eine Zwischenzone, in der ein alter Zustand in einen neuen übergeht. Lucio Fontana, Piero Manzoni und der geniale Yves Klein waren die künstlerischen Vorreiter, die während der folgenden Jahre auch zu persönlichen Freunden wurden. Die aufrüttelnden Initiativen von ZERO und die Absicht der Gründer und deren Freunde wurden vom Kunstbetrieb und von einer kulturinteressierten Öffentlichkeit anfänglich kaum zur Kenntnis genommen, teilweise in Feuilletons sogar lächerlich gemacht. Der Erfolg stellte sich erst ein, als der mutige Galerist Schmela begann, nach einer ersten Ausstellung mit Arbeiten von Yves Klein, Arbeiten von Heinz Mack, Otto Piene und anderen auszustellen. Da die weitere Geschichte von ZERO, die kunsthistorische Einordnung sowie der Einfluss der einzelnen Protagonisten bereits in mehreren Publikationen ausführlich dargestellt wurde, soll vorrangig die Künstlerpersönlichkeit von Heinz Mack gewürdigt werden.

Heinz Mack hat denn auch den weitaus größten Teil seiner künstlerischen Leistung nach der Auflösung von ZERO im Jahr 1966 erbracht. Er hat sich zu einem der erfolgreichsten und angesehensten deutschen Künstler auf dem internationalen Kunstparkett entwickelt. Seine bildhauerische Tätigkeit für den öffentlichen Raum ist außerordentlich beeindruckend. Bedeutsam ist seine Auseinandersetzung mit der Farbe und deren Gestaltungs- und Wirkungsmöglichkeiten. Er hat sich intensiv mit der Farbenlehre Goethes beschäftigt, der er großen Respekt entgegenbringt und deren Ergebnisse er weitgehend teilt. Die reliefartigen Stelen, teilweise in beeindruckender Größe und mit hellglänzendem Metall gefertigt, sind legendär und werden weltweit ausgestellt. Seine Rotoren, die Licht, Bewegung und reliefstrukturierte Objekte in faszinierender Weise miteinander in Beziehung treten lassen, machen ihn zu einem führenden Vertreter der kinetischen Kunst.

Heinz Mack ist ein gebildeter Mann, der unglaublich belesen ist und seine vielfältigen künstlerischen Projekte und Arbeiten mit Intensität und philosophischem Wissen grundiert. So sind seine Ausflüge in die Sahara stets mehr als nur ein exotischer Abstecher in eine neue Erlebniswelt gewesen; sie bestechen vielmehr dadurch, dass die künstlerischen Ausdrucksformen, die Mack bereits in den 1950/1960er Jahren dort verwendet, in vielfältiger Weise einen unmittelbaren und individuellen Bezug zu ihrer Umgebung einnehmen. Er wollte den unübersehbaren Raum der Wüste um den zweiten, den »übersehbaren Raum, den Raum der Kunst, in ihm verwirklichen«, wie er selbst sagt. In seinem 1958 veröffentlichten Manifest hat er eine Vision entwickelt, die zu dem bis heute unerreichten und von niemand anderem je wieder aufgegriffenen Projekt bereits sämtliche Erscheinungsformen beschrieb, und es ist geradezu ein Wunder, dass seine Vorstellungen in der Realität die erstrebte Wirkung noch übertrafen.

Dieses Schlüsselwerk von Heinz Mack umfasst im Grunde alle Elemente seiner Kunst in konzentrierter Form, ausgehend von ZERO-Einsichten: das Licht, die Bewegung, das Verlassen des geschlossenen Raumes der Museen und Galerien, die Auseinandersetzung mit den Elementen Luft, Wasser und Feuer, mit dem Himmel, der Wüste, später auch mit der Arktis und dem Meer, offen für neue Technologien. Es war eine kunsthistorische Revolution, die Heinz Mack weg von der Leinwand des Ateliers in die denkbar größte Ausdehnung führte, die sich als Raum erfahren lässt. Und es war die Revolution eines Einzelnen, der keine Truppen oder Unterstützer benötigte. Mack erfand dabei gleichsam automatisch die erst sehr viel später so genannte *Land-Art*.

Ebenfalls von großer Bedeutung und äußerst ungewöhnlich, weil unerwartet, sind seine Gestaltungen des kirchlichen Raumes. Einmal abgesehen von der geradezu genial reduzierten Stele vor dem Giganten »Kölner Dom«, die 1984 errichtete *Columne pro Caelo*, geht es hier vor allem um die Ausgestaltung des Inneren von Kapellen und Kirchen. Der Protestant Mack erhielt von dem auch als Kunsthistoriker promovierten früheren Weih-

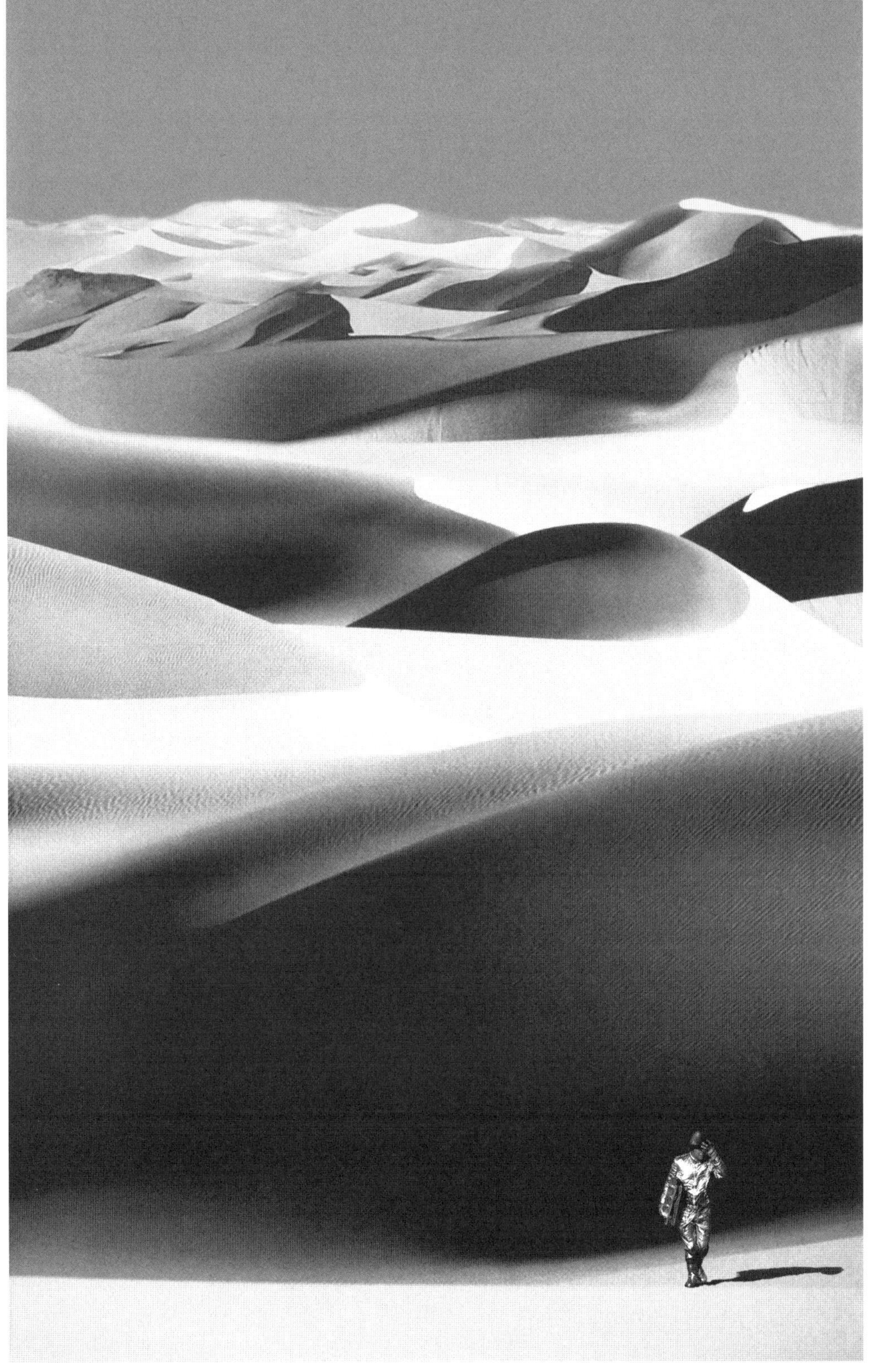

Der Künstler im Grand Erg Oriental, 1976

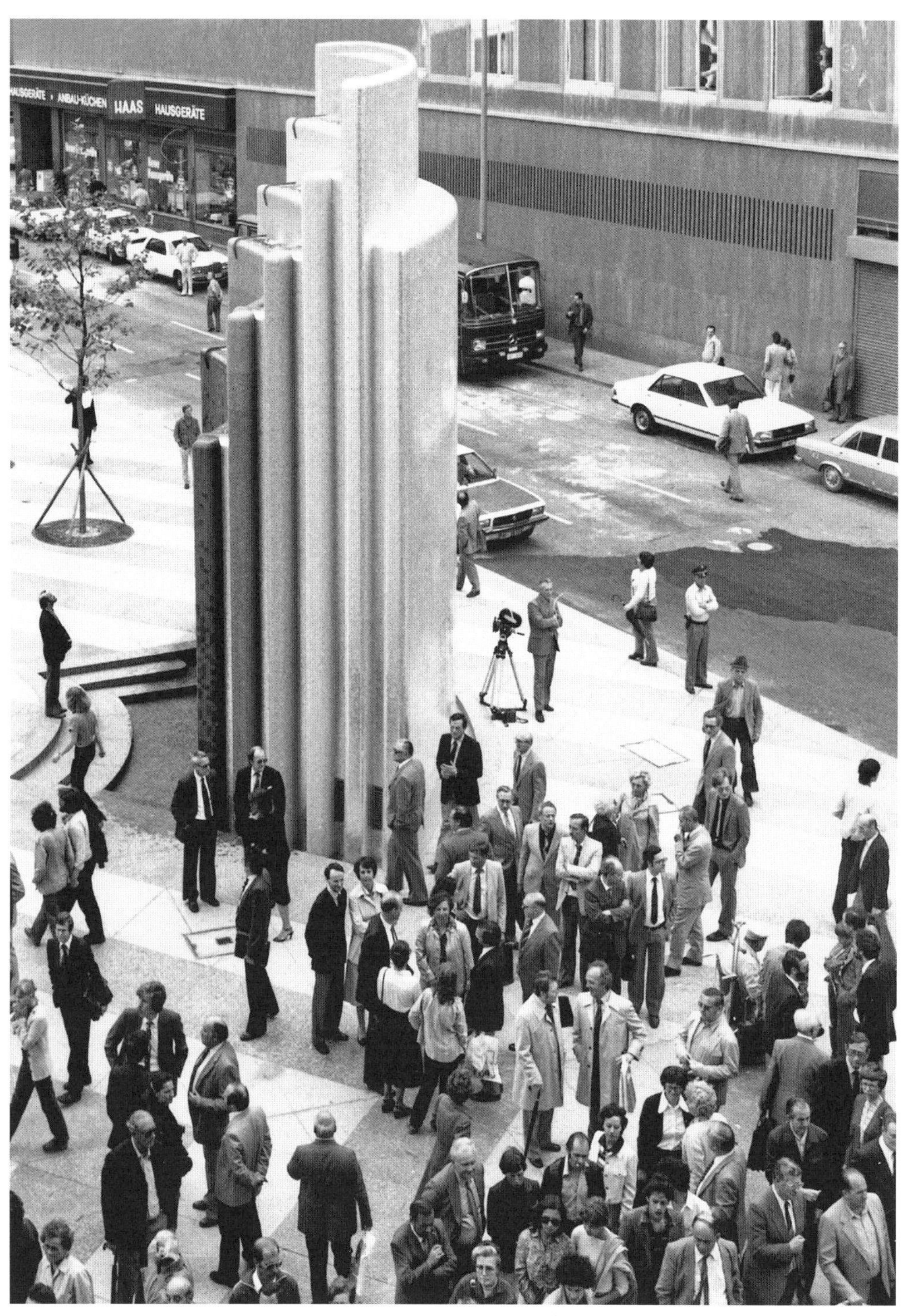

Wasserkaskade auf dem Jürgen-Ponto-Platz, Frankfurt,
Platzgestaltung von Heinz Mack 1976–81

bischof in Köln Friedhelm Hofmann, der heute als Bischof in Würzburg amtiert, den Auftrag zur Ausgestaltung der Kapelle des Erzbischöflichen Collegium Marianum in Neuss. Hofmann formulierte, dass die Kapelle in »eine Wohnung Gottes unter den Menschen« umgestaltet werden sollte. Und dies hat Heinz Mack als Gesamtkunstwerk mit einer konsequenten Großartigkeit getan, die ihresgleichen sucht. Jedes Detail stammt von ihm; nichts wurde irgendeinem Handwerker oder Architekten überlassen. Die Herausforderung, theologische Inhalte in der eigenen Formensprache und Erkennbarkeit, also im eigenen Stil, künstlerisch umzusetzen, war enorm, ist aber meisterhaft gelöst worden. Seine Kunst hat dabei keinerlei dienende Funktion des etwa nur Illustrierenden oder unmittelbar Eingängigen, wie dies in früheren Jahrhunderten selbst bei sehr guten Künstlern manchmal der Fall war. Es ist eine eigenständige konsequente und umfassende künstlerische Aussage, die sich nicht scheut, den Besuchern des kleinen Gotteshauses ein neues Sehverhalten abzuverlangen und Etabliertes in Frage zu stellen. Dennoch aber huldigt der Künstler mit seiner Ausgestaltung einer offenbar objektivierbaren Schönheit, ohne auch nur an einer Stelle gefällig zu sein.

Schönheit ist ohnehin eine Vokabel, zu der sich Heinz Mack ohne wenn und aber bekennt. Es waren insbesondere in der Nachkriegszeit die Maler der Abstraktion, des Informel, auch die Musiker mit ihrer Atonalität, die nichts mehr so lassen wollten, wie es vorher war (obwohl sie an zahlreichen Stellen an Traditionen anknüpften, die man durchaus konservativ nennen kann) und die sich darin gefielen, die Grautöne als Ausdruck malerischer Zurückhaltung dominieren zu lassen. Für Heinz Mack, der angesichts seiner Auseinandersetzung mit den Farben und seinen späten chromatischen Arbeiten immer wieder die Auseinandersetzung mit dem Schönen gesucht hat, ist der Begriff zentral. Es ist naheliegend, an dieser Stelle auf Goethe zu verweisen, der das Wahre im Abglanz des Sichtbaren erkennen wollte. Und hat Heinz Mack nicht recht, wenn er reklamiert, dass bei Gemälden der Vormoderne, also vor dem 20. Jahrhundert, niemand die Frage der Schönheit künstlerischen Ausdrucks durch Farbigkeit in irgendeiner Form kritisch stellt. Die Impressionisten wurden doch nicht etwa wegen der mangelnden Schönheit ihrer Bilder verehrt und erfreuen sich bis heute allergrößter Wertschätzung. Heinz Mack hat sich bereits 1976 ausführlich zu seinem Verhältnis zur Schönheit in seinen Arbeiten geäußert. Man spürt in diesen Ausführungen seine tiefe, philosophische Durchdringung dieses komplexen Problems. Und weil die Aussage so glaubwürdig und überzeugend ist, soll sie hier zitiert werden: »Für mich ist die Schönheit eine Erscheinungsweise der Engel und nicht eine Kategorie der Ästhetik. In der reinen Anschauung der Erscheinung verbleiben kein Raum und keine Zeit für das kritische Denken und damit für das Ästhetische, welches immer eine Kategorie einer kritischen Theorie sein muss. Das Schöne ist unaussprechbar. Und das Unaussprechbare kann wohl einzig und allein in der Kunst zur Erscheinung gebracht werden. Darum kenne ich keine Kunst, die schön ist, ohne auch wahr zu sein, und wahr ist, ohne schön zu sein.« (im Gespräch mit Dieter Honisch, 1976). Heinz Mack hat keinen Grund, sich für seine Arbeiten in irgendeiner Form zu rechtfertigen, nur weil einige seine Arbeiten »zu« schön finden. Gott sei Dank gibt es keine allgemein verbindliche Richtschnur, die eine Gesellschaft vorgeben kann, wie ein Kunstwerk auszusehen hat. Wo dies geschieht, gibt es keine freie Kunst, sondern lediglich, zumeist ideologisch festgelegte und reglementierte, handwerkliche Ausführungen, die dann »Kunst« genannt werden, dem Inhalt nach aber keine sind. Und schon gar nicht können ein gesellschaftspolitischer Mainstream und die beinahe täglich über uns ausgeschüttete Reglementierung des »politisch Korrekten«, das mittlerweile alle Lebensbereiche umfasst, eine Richtschnur für freies künstlerisches Schaffen sein.

Heinz Mack hat sich mit Otto Piene und Freunden 1957 aufgemacht, das überkommene und festgefahrene Muster vermeintlich korrekten Malens und künstlerischen Arbeitens aufzubrechen, obwohl die Phalanx aus Museumsdirektoren, Galeristen und Feuilletonisten sie zunächst abstrafte und reumütige Einsicht erst recht spät an den Tag legte. Im gleichen Verständnis dieser Emanzipation gegen das Etablierte ist Heinz Mack nach Auflösung von ZERO seinen eigenen Weg gegangen, der gerade wegen seiner bewundernswerten Konsequenz zur Folge hatte, dass ihm erneut ein Abweichen von der die »Fachwelt« beherrschenden Definition des Korrekten vorgeworfen wurde. Diesmal konzentrierte sie sich auf sein sphärisch orientiertes Werk, das Licht und Schatten und vor allem eine vieltausendfach variierende farbige Chromatik, – sicher zu einem erheblichen Teil seinen Aufenthalten auf der Mittelmeerinsel Ibiza zu verdanken – zum Inhalt hat. Er hat damit die moderne Kunst um eine wesentliche Blickweise bereichert und folgt als zeitgenössischer Maler den vor ihm gegangenen Meistern der modernen Bildgestaltung: vom *Weißen Quadrat auf weißem Grund* von Kasimir Malewitsch, über Piero Manzonis Achromie bis zur Monochromie von Yves Klein. Heinz Mack setzt diese Reihe mit seinen Farbgestaltungen konsequent und meisterhaft fort.

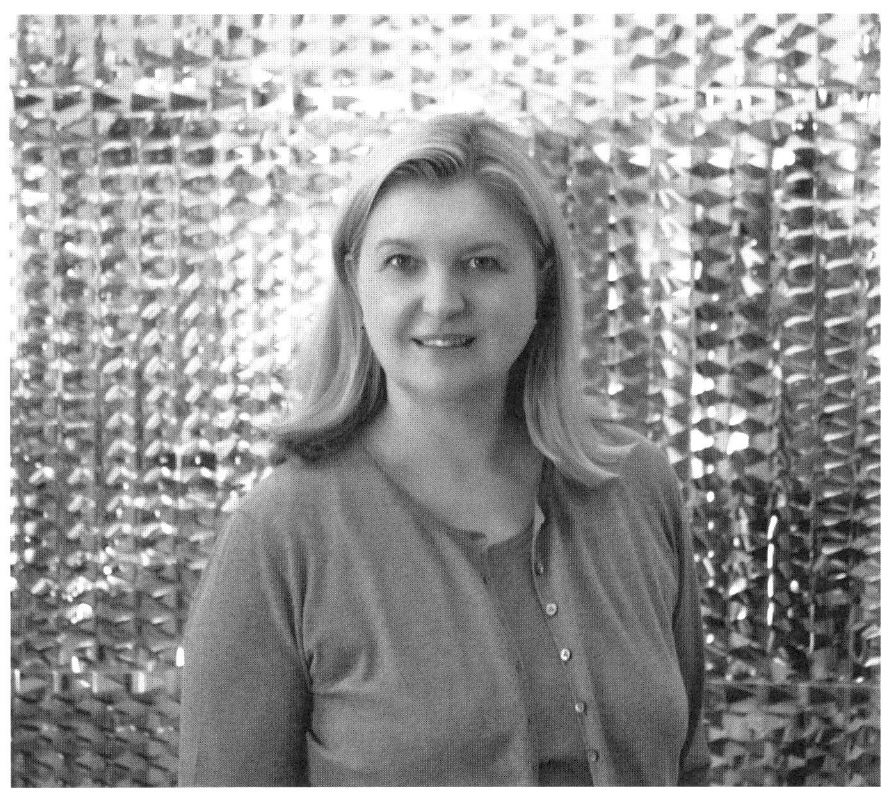

Ute Mack

Sie ist die Frau an seiner Seite, die Mutter der gemeinsamen Tochter Valeria, vor allem aber ist Ute Mack seine Managerin auf allen Ebenen. Vor dreißig Jahren begann sie ihre Arbeit alleine, heute bereitet sie mit vier Mitarbeiterinnen im Atelier-Büro Ausstellungen vor und koordiniert alle Aufgaben und Anfragen. Sie entwickelt Ideen für die vielen Bücher, die zusätzlich zu den unzähligen Katalogen Heinz Macks Arbeiten und sein Leben präsentieren, sie organisiert Reisen und unternimmt vieles andere für das umtriebige und weltweit agierende Atelier Mack.

In ihrer liebenswürdigen und bescheidenen Art beschreibt sie sich einmal mehr als die Assistentin »für alles«. Alle, die mit Heinz und Ute Mack arbeiten, wissen aber, dass sie viel mehr leistet. Sie ist stets über alles bestens informiert, hat alle Termine im Kopf. Sie bereitet gemeinsame Gespräche und Begegnungen perfekt vor, oder nimmt sie alleine wahr, wenn der Künstler nicht unbedingt persönlich erforderlich ist. Es ist für sie dabei selbstverständlich, die Interessen des Künstlers zu vertreten und wenn nötig, berät sie sich mit ihm. Sie ist eine emanzipierte Frau mit großen Fähigkeiten, einer sympathischen Ausstrahlung, dabei von hoher Professionalität geprägt. Wenn man zwischen den Zeilen liest, kann auch ihr Beitrag in diesem Buch diese Einschätzung auf das Schönste belegen.

Paul Wolters

Prof. Dr. Paul Wolters ist ein weltweit anerkannter Soziologe und Gesundheitswissenschaftler. Er hat an der Universität Bielefeld das Fach »Gesundheitswissenschaft«, das man zwar international als »School of Public Health« gut kennt, in Deutschland aber beinahe unbekannt war, aufgebaut und zu hoher Anerkennung geführt. Wolters erhielt für diese Leistungen vielfache Ehrungen und Auszeichnungen. Er ist aber vor allem der älteste Freund Heinz Macks, denn er hat mit ihm gemeinsam die Schule besucht und während dieser Zeit viele Erlebnisse geteilt. Dazu zählt vor allem die Verehrung ihres Lehrers Dr. Hülsmann, der ihnen trotz der Bedrängnisse durch die Nazizeit das Bewusstsein für philosophische Eigenständigkeit vermittelte. Heinz Mack und Paul Wolters bezeichnen beide den Einfluss dieses großartigen Lehrers als außerordentlich prägend für ihren späteren Lebensweg. Auch bezeugt er seinem Klassenkameraden eine offenbar von Beginn an erkennbare künstlerische Ader, der er im permanenten Zeichnen und ähnlichen Aktivitäten während der Schulstunden und außerhalb freien Lauf ließ.

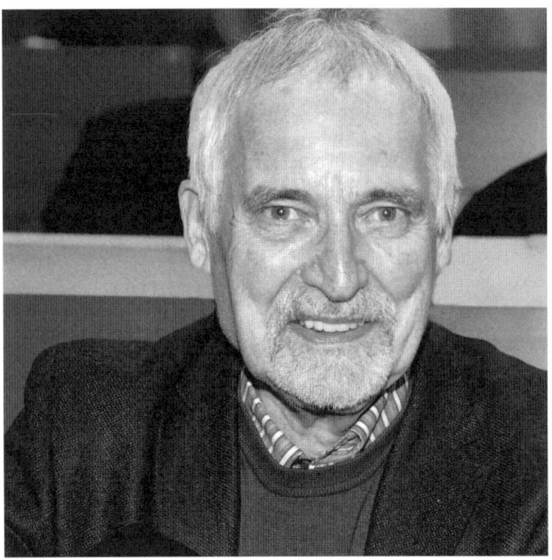

Paul Wolters erinnert zudem besonders an die schockierenden Erlebnisse der Reichspogromnacht (»Reichskristallnacht«) am 9. November 1938, die von beiden jungen Menschen als elementar und einschneidend empfunden wurden. Er spricht von einer Traumatisierung, derer sie beide unterlagen. Der Bombenkrieg in Krefeld, den sie hautnah erlitten, bekräftigte sie offenbar darin, nach dem Krieg – jeder in seiner Verantwortung – für eine friedliche Welt einzutreten. Der auf seinem Gebiet erfolgreiche Hochschullehrer lässt in dem Gespräch mit Grandezza und Sympathie seine große Bewunderung für die Eigenständigkeit der Biografie und der Kunst von Heinz Mack erkennen. Verblüffend seine heute offenbar noch stärker als früher empfundene Einschätzung, dass Heinz Mack »eine neue Welt geschaffen« habe.

Hans Emmerling

Der promovierte Kulturwissenschaftler und Regisseur Hans Emmerling hat mit Heinz Mack den mit dem Grimme-Preis ausgezeichneten Film *Tele-Mack* gedreht. Er berichtet darüber die köstlichsten Einzelheiten, die neben dem Anekdotenhaften aber vor allem die Einstellung von Heinz Mack belegen, dass die Kunst nicht nur an die Wände der Museen gehört. Heinz Mack hat zu Beginn der gemeinsamen Aktivitäten seinen legendären Silberanzug angezogen und hat mit Hilfe dieses hochreflektierenden Anzugs die unterschiedlichen Einfallswinkel des Lichts und deren Wirkung auf das menschliche Auge demonstriert. Zugleich hat Mack durch die Reflexionen des Lichts, die der Kameramann vieltausendfach einfing, und den gesamten Film, der schließlich entstand, das Kulturinstrument »Film« als mit einer musealen Präsentation gleichwertig geadelt. Die filmische Inszenierung wurde den Kunsttempeln gleichgestellt. Die meisten Museumsdirektoren haben zur damaligen Zeit allerdings diese »Erweiterung des Kunstbegriffs«, wie man sie nennen könnte, obwohl der Begriff kunsthistorisch besetzt ist, gar nicht wahrgenommen. Es bewahrheitet sich einmal mehr die Erkenntnis, dass der gute Künstler neue Räume erschließt, die die Kunsthistoriker später entdecken und bestenfalls betreten und dem staunenden Publikum viele Jahre nach der Erschaffung präsentieren.

Höhepunkt der Kooperation zwischen Regisseur und Künstler war die Realisierung der Idee von Heinz Mack, den Film in der Wüste fortzusetzen und dort, in der unberührten Natur mit den Extremen Sonne, Sand und scheinbar grenzenlosem Himmel, zu vollenden. Mack war zuvor schon in der Wüste gewesen und fasziniert von der Leere, den extremen Temperatur-

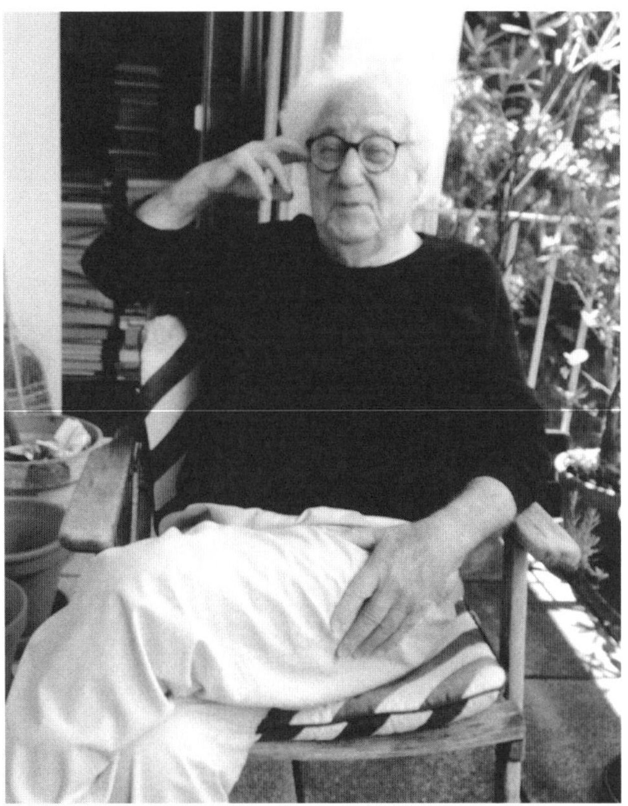

unterschieden und der von jeder Zivilisation unberührten Räumlichkeit, die er den »Ur-Raum« nennt.

Im Gespräch wird deutlich, dass die gesamte Produktion von der Kreativität und dem Ehrgeiz des Künstlers beseelt wurde, das Medium Film für seine Kunstauffassung zu nutzen. Regisseur und Kameramann blieben notwendige, wenn wohl auch kongeniale Assistenten.

Beat Wismer

Der in der Schweiz geborene Kunsthistoriker Beat Wismer hat über einen langen Zeitraum das Kunsthaus in Aarau geleitet und ist seit März 2007 Generaldirektor des Museum Kunstpalast in Düsseldorf. Das Museum beherbergt eine bedeutende Sammlung von Arbeiten der drei ZERO-Künstler Mack, Piene und Uecker und stellt diese sowohl in dieser kunsthistorisch bedeutsamen Konstellation als auch in Einzelpräsentationen immer wieder aus. In seinem Gespräch setzt er die Arbeiten von Heinz Mack in viele kunsthistorische Beziehungen, die einen wunderbaren Überblick über die die Vielfalt des Wirkens des Ausnahmekünstlers verschaffen. Wismer gibt wichtige Hinweise auf Künstler, die für den jungen Heinz Mack von einflussreicher Bedeutung waren, wenngleich ein direkter Bezug kaum auszumachen ist. Die Farbigkeit des späten Matisse hat Mack in ganz besonderer Weise beeinflusst, war doch diese explizite Farbigkeit und das gesamte Spätwerk von Henri Matisse in der auf äußerste Reduktion und Abstraktion konzentrierten Sichtweise des deutschen Kunstmainstreams von geradezu verdächtiger Schönheit. Einige wollten darin gar eine oberflächliche Altersnaivität des großen Malers sehen. Mack hingegen, aus dieser grauen Nachkriegsdominanz kommend, war sogleich von einer heute kaum mehr vorstellbaren spontanen Begeisterung erfasst, die ihm bei seinen famosen Farbarbeiten, die er über Jahrzehnte in immer wieder neuen Variationen meisterhaft erschaffen hat, Orientierung gegeben haben wird. Es ist ja häufig so, wie Günther Uecker es einmal ausgedrückt hat, dass die eigenen »Eltern« gerade dadurch aktuell werden, dass man sie in sich selber verwandelt entdeckt.

Beat Wismer beschreibt darüber hinaus den enormen Einfluss, den die Land-Art durch Heinz Mack erhalten hat. Weit vor der Zeit dieser begrifflichen Zuordnung schuf er Aktionen im freien Raum, die seine gesellschaftspolitischen Ambitionen deutlich werden ließen, ohne dass er sich je direkt als politischer Künstler verstanden hätte.

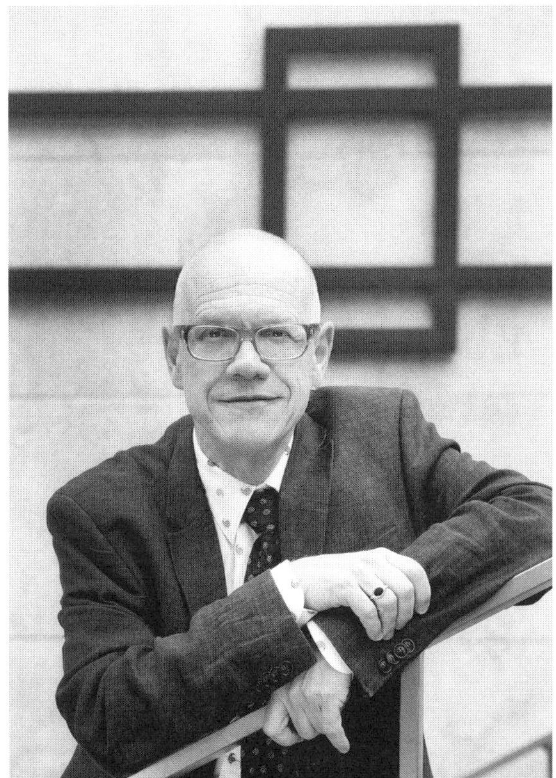

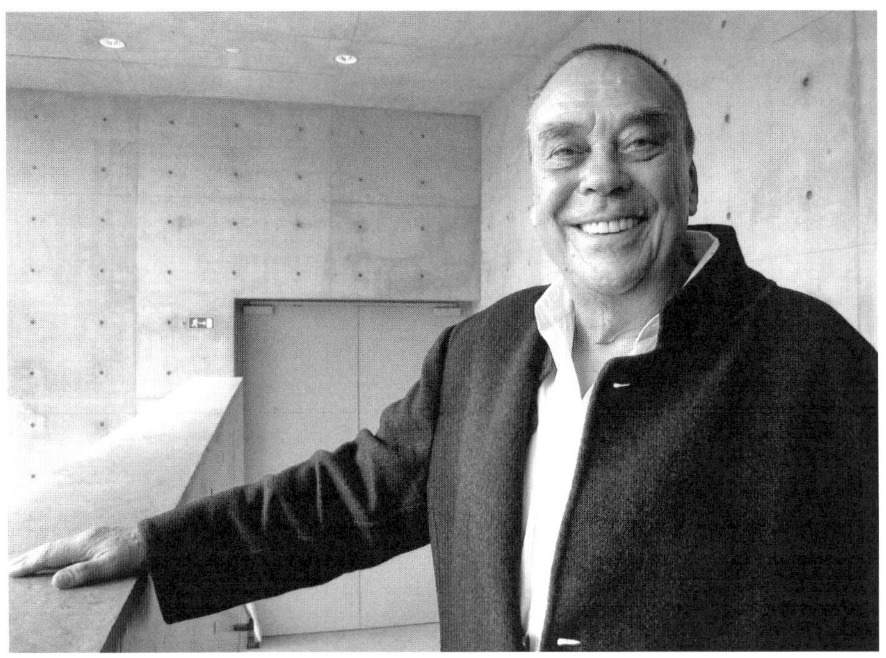

Günther Uecker

Günther Uecker hat mit einer handschriftlich als Fax gesandten, sehr persönlichen Note seine Freundschaft zu Heinz Mack in diesem Buch zum Ausdruck gebracht.

Es war Heinz Mack, der Günther Uecker auf die Arbeit mit Otto Piene in der ZERO-Gemeinschaft aufmerksam machte und ihn für eine Zusammenarbeit gewann. Dies alles ist längst bekannt und mehrfach gedruckt worden, so dass hierauf nicht weiter eingegangen werden soll. Zu vermerken ist allenfalls, dass die Frage nach seinem Verhältnis zu ZERO zumeist mit dem Vergleich einer geschiedenen Ehe beantwortet wird, die ihre guten Seiten hatte, auf die man jedoch als vergangenen Lebensabschnitt zurückblickt.

Eine Nebensächlichkeit, die keinerlei künstlerischen Kontext hat, soll hier kurz wiedergegeben werden. Es sind dies die legendären gemeinsamen Fahrten mit den stets sehr schnellen und schicken Autos von Heinz Mack, etwa um eigene Arbeiten zu Ausstellungen zu bringen oder an Veranstaltungen teilzunehmen. Günther Uecker berichtet, dass er ein um das andere Mal beunruhigt durch die rasante Fahrweise des Chauffeurs Mack froh gewesen sei, das Ziel zu erreichen. Er selbst hat bis heute keinen

Führerschein und sah darin auch nie ein erstrebenswertes Ziel. Sein Individualismus bedarf keiner Ergänzung durch individuelles Autofahren, wohingegen der Hedonist Mack in den 1970er Jahren auf Einladung von Mercedes-Benz in einem ohne die heute üblichen Annehmlichkeiten ausgestatteten 300 SL an der Mille-Miglia teilnahm, was seine Frau Ute mit ständiger Angst verfolgte.

Willi Kemp

Der legendäre Düsseldorfer Kunstsammler, der über Jahrzehnte seine beruflichen Fähigkeiten als Steuerberater vielen Künstlern zur Verfügung stellte und sich – eine geradezu klassische Konstellation – häufig statt mit Geld mit Arbeiten bezahlen ließ, ist – nicht nur in Düsseldorf – eine Sammlerlegende. Er erweiterte diesen Grundstock durch erhebliche Zukäufe und schuf auf diese Weise – gemeinsam mit seiner Frau Ingrid – eine qualitätsvolle und bedeutende Kunstsammlung, die er im Jahr 2011 dem Museum Kunstpalast in Düsseldorf schenkte. Seine Sammlung umfasst etwa 1200 Werke, vornehmlich des Informel und den Künstlern von ZERO.

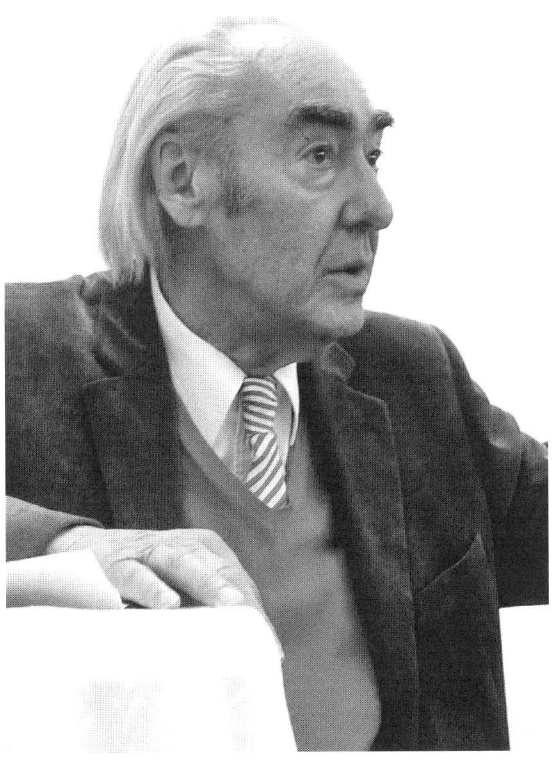

Heinz Mack lernte er auf dem Huppertzhof 1967 als, wie er sagt, weltoffenen und liebenswürdigen Mann kennen. Er schätzte auch dessen musikalisches Talent, das er bei abendlichen Begegnungen in seinem Haus noch heute regelmäßig durch einen fulminanten Beitrag auf dem Konzertflügel zum Ausdruck bringt.

Kemp ist ein belesener Mann, ein Intellektueller, der bei einem Erwerb von Werken die kunsthistorische und auch marktspezifische Einordnung ohne Weiteres vornehmen kann, sich von einer emotional, vielleicht romantischen Zuneigung zu einzelnen Arbeiten, allerdings nicht abbringen lässt. So weiß er zu jedem Bild in seiner Wohnung eine Geschichte, nicht nur des Erwerbs, sondern auch der genauen Umstände, der damaligen Zusammenhänge zu erzählen. Bei Heinz Mack favorisiert er neben einer Metallstele, die er als erste Arbeit erworben hat, vor allem die farbigen, durch die Aufenthalte auf Ibiza beeinflussten Arbeiten der 1990er Jahre. Kemp legt in dem Gespräch ein Bekenntnis zur Gegenstandslosigkeit ab, die ihm der Freiraum der Interpretation belässt. Er bekennt sich dazu, ein ausgeprägter Individualist zu sein. Möglicherweise hat sich diese Haltung durch das genaue Gegenteil im nationalsozialistisch bestimmten Drill mit all' seiner furchtbaren Gleichmacherei entwickelt.

Wie viele Intellektuelle bewundert er an Mack das eigentlich Kreative, das ausschließliche Dasein für die Kunst, wohingegen dem Sammler, und sei er noch so versiert, lediglich die Liebe zu eben diesen künstlerischen Ausdrucksformen bleibt. Willi Kemp wäre vermutlich gerne selbst ein bildender Künstler geworden. Seine Biografie hat einen anderen, für die Kunst hingegen äußerst wichtigen anderen Weg genommen.

Volkmar Hansen

Prof. Dr. Dr. h.c. mult. Volkmar Hansen ist als Germanist einer der bedeutendsten Goethe-Spezialisten weltweit. Er ist seit dem Jahr 1993 Direktor des Goethe-Museums der Stadt Düsseldorf und Heinz Mack seit 1995 durch vier Ausstellungen eng verbunden.

Die innere Gemeinsamkeit beider Persönlichkeiten entstand durch die seit vielen Jahrzehnten bestehende Affinität Macks zu den Werken Goethes und insbesondere zu seinem West-Östlichen Diwan, mit dem er sich in vielen künstlerischen Äußerungen auseinandergesetzt hat. Hansen begleitete Heinz Mack auch zu einer Reise nach Teheran, wo für und mit Heinz Mack im Museum für Moderne Kunst eine große Ausstellung organisiert wurde. Dies geschah im Oktober des Jahres 2001, also wenige Wochen nach dem Terroranschlag auf das World-Trade Center und das Pentagon in den USA. Es war also ein mutiger Schritt von beiden Seiten, diese lang geplante Schau stattfinden zu lassen. Viele Düsseldorfer und andere, die aus Deutschland an der Eröffnung teilnehmen wollten, sprangen aus Furcht vor etwaigen Repressalien ab. Hansen und Mack fuhren dann angesichts der schwieriger gewordenen politischen Situation und der offensichtlich von den westlichen Verbündeten der USA und den Vereinigten Staaten selbst getroffenen Vorbereitungen eines Krieges gegen Afghanistan mit nur noch wenigen Begleitern dennoch in den Iran.

Die Ausstellung wurde von einem prächtigen Katalog begleitet und setzte – zumindest indirekt – ein Zeichen der internationalen kulturellen Verständigung und trug in besonderem Maße zu einer von den Iranern besonders geschätzten Anerkennung der seit über 5000 Jahren andauernden kulturellen Hochzeit des persischen Volkes bei. Auf der anderen Seite strömten viele tausend Menschen in die Ausstellung eines westlichen Künstlers, um ihren offensichtlichen Hunger nach einer Kunst zu stillen, die bis dahin nur wenige kennenlernen konnten. Dies war für den Goethekenner Hansen ebenso wie für den Künstler vor dem Hintergrund der Neugier auf die im Dritten Reich verbotene Kunst eine besondere Motivation, diesem Augenhunger eine Chance zu geben. Dass dies in einer besonders komplizierten politischen Situation gelang, kann nicht hoch genug eingeschätzt werden.

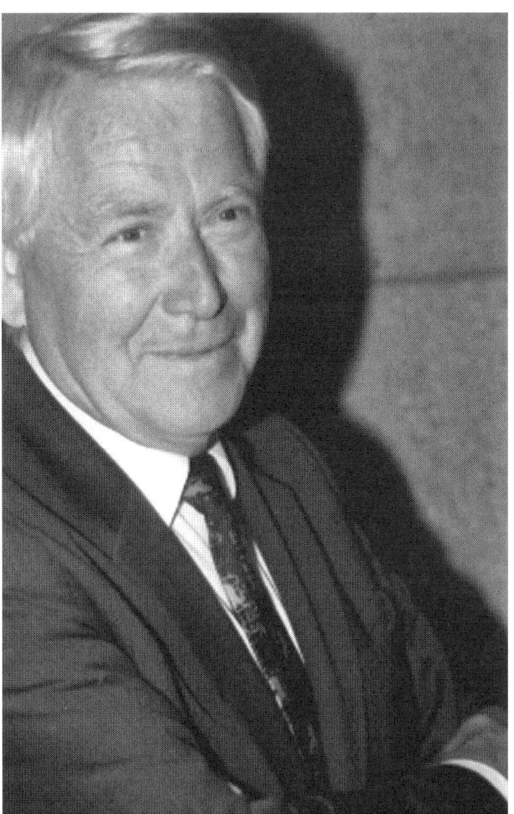

Volkmar Hansen erläutert im Gespräch das vielfältige Interesse Macks an dem deutschen Großdichter und die Inspiration, die Heinz Mack von diesem empfing. Schön, seine Interpretation, dass Mack weit mehr als ein Geschichtenerzähler im übertragenen Sinne ist. Er qualifiziert den Menschen Mack als jemanden, der davon überzeugt ist, dass Kunst ein wichtiger Weg ist, um sich mit der Welt zu verständigen, dass Kunst per se eine eminente Bedeutung für alle Menschen hat. Es geht also nicht um ein direktes politisches Statement, sondern, ähnlich wie bei Goethe, darum, den Menschen ein Angebot zu machen, die Welt auf verschiedene Weise zu erfahren, vielleicht sogar, sie zu verstehen, wenngleich jeder zu diesem Verständnis des »Riesenteppichs«, wie es Heine formulierte, nur seinen Teil beitragen kann. Die Beziehung des Dichters zum Bildenden Künstler wird in dem Gespräch noch um viele Varianten bereichert und interpretiert. Hier äußert sich jemand, der tief in die Denkstruktur Goethes eingedrungen ist und dem modernen Künstler Heinz Mack großen Respekt entgegenbringt.

Friedhelm Hofmann

Der in Kunstgeschichte promovierte Bischof von Würzburg wurde in Köln geboren und war in dieser Stadt viele Jahre lang als Pfarrer und später als Weihbischof tätig. Seine erste Begegnung mit Heinz Mack fand im Zusammenhang mit der Aufstellung einer Stele vor dem Kölner Dom statt, die seinerzeit heftig umstritten war. Diese enorme Herausforderung hat Heinz Mack durch eine zehn Meter hohe Granitstele realisiert, die auf dem Roncalliplatz im Süden der Kathedrale ihre Aufstellung fand. Der Standort der Stele ist so gewählt, dass sie den sehr großen rechteckigen Platz gegenüber dem Dom in der Balance halten kann. Mit ihrer reduzierten weißgrauen Farbigkeit stellt sich die monolithische Stelle gegen den dunklen Stein und das tausendfach gebrochene Muster der Architektur der gotischen Kathedrale. Friedhelm Hofmann attestiert Mack die Fähigkeit, den Bogen zwischen einer in der Kirche immer noch vorhandenen Priorisierung figürlicher Darstellung und der Abstraktion skulpturaler Realisierung erfolgreich und mit dem Willen zum Dialog zu spannen.

Ein besonderes, von gegenseitiger Anerkennung der beiderseitigen Rollen gespeistes und getragenes Verhältnis entstand bei der 1989 begonnenen Umsetzung der Ausgestaltung der Marienkapelle in Neuss, dem sog. Marianum. Mack hat mit der Ausgestaltung ein Gesamtkunstwerk geschaffen, das in Kirchengebäuden in Europa seinesgleichen vergeblich sucht. Friedhelm Hofmann beschreibt mit großer Empathie den Menschen Mack

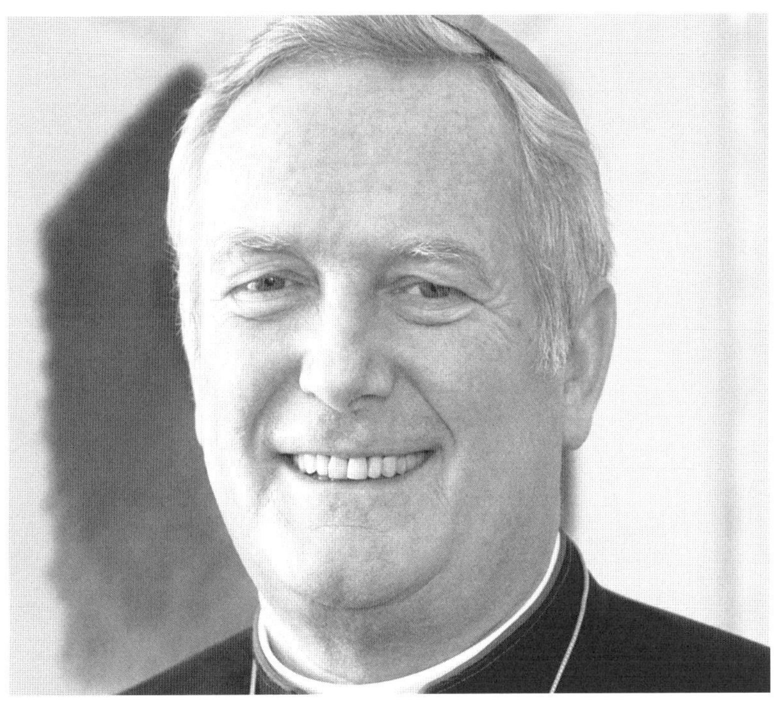

und seine vielfältige Beziehung zum Religiösen, ohne ihn für eine Gläubigkeit im engeren Sinne zu vereinnahmen. Vielmehr zeigt er die philosophischen Grundlagen auf, die er bei Mack entdeckt hat und die Voraussetzung für eine einerseits autonome, andererseits auf Akzeptanz der Kirchenbesucher stoßende Realisierung bildet.

Eine besondere Aufmerksamkeit bei der Gestaltung des Kirchenraumes fanden die verschiedenen Lichteinflüsse, die der Künstler auf vielfache Weise in den Raum leitet. Bischof Hofmann empfindet dieses Zusammenspiel von künstlichem und reflektiertem Licht in der Weise, dass dadurch ein anagogischer Weg eröffnet wird. Diese Anagogie, also einen durch eine Auslegung erklärbaren Sinn einer Textstelle, der gegenüber einer wörtlichen Lesart weiterführend (»höher« bzw. »tiefer«) ist, kann als die eigentliche Meisterschaft Heinz Macks bei der Gestaltung bezeichnet werden. Es ist berührend zu lesen, wenn der überaus gebildete Mann sagt, dass er sich in dem Kirchenraum geborgen fühlt und von Gott berührt sieht.

Beide, den Kirchenmann und den freischaffende Künstler, verbinden bis heute eine regelmäßige Korrespondenz über geistesgeschichtliche, kunsthistorische und theologische Themen.

Fritz Bagel

Den aus der Henkel-Dynastie stammende und in Düsseldorf wohnende Fritz Bagel verbindet mit Heinz Mack eine jahrzehntelange Freundschaft. In seinem Elternhaus wurde mit Kennerschaft und teilweise mit Unterstützung des bedeutenden Kunsthändlers Flechtheim, der, bevor er von den Nazis vertrieben wurde, in Düsseldorf eine Galerie hatte, die Moderne gesammelt. Im damaligen politischen Umfeld Deutschlands, wo es lediglich Figuratives und dem Faschismus dienende Werke zu sehen gab, wurden durch diese Auswahl die Sehgewohnheiten von Fritz Bagel und seiner Geschwister geschult, auch wenn in der Kindheit ein dezidiertes Interesse offenbar noch nicht vorhanden war.

Er begann in den frühen 1960er Jahren Arbeiten zu kaufen und schätzt bis heute die frühen Arbeiten, wie etwa die Stelen des Bildhauers Mack, in besonderem Maße, allen voran die der ZERO-Zeit. Sein Interesse an der Kunst Heinz Macks war geprägt durch die Zeitgenossenschaft und das, was er die Moderne nennt, die er in der Nichtgegenständlichkeit der Werke von Heinz Mack suchte und fand.

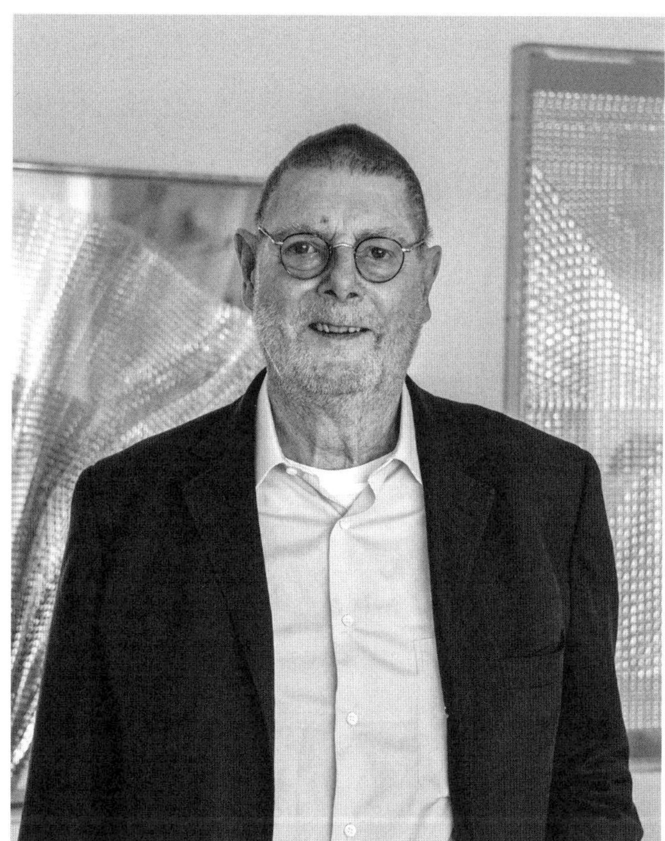

Fritz Bagel und Heinz Mack haben viele Reisen unternommen, sich dabei vor allem bei den Fahrten durch die Wüste, wo man sich blind auf den anderen verlassen können muss, kennen- und schätzen gelernt. Er schildert lebhaft einige Episoden auf diesen Reisen, die ein intensives Lebensgefühl mit der Natur vermitteln, denn man war auf sich, sein Fahrzeug und die Erfahrung eines Führers reduziert. Die gemeinsamen Erlebnisse im Haus der Bagels in Südfrankreich sind insbesondere durch ein Foto überliefert, das am Strand von St. Tropez aufgenommen wurde, und viele an das berühmte Foto von Picasso mit Francoise Gilot erinnert, weil Fritz Bagel dort einen Sonnenschirm in ähnlicher Manier über zwei Frauen und Heinz Mack hält, wie dies bei Robert Capa der Fall war, als sollte es dieser Ikone der Fotografiegeschichte nachempfunden werden. Fritz Bagel bezeichnet dies als eine Überinterpretation und findet in seiner bescheidenen Sachlichkeit eher das allgemeine Lebensglück, die urlaubsbedingte Ausgelassenheit, als Grund für den Schnappschuss.

Bis heute treffen die beiden Freunde sich regelmäßig mehrmals im Jahr und sprechen weniger über Kunst als über gerade anstehende Themen und die Alltäglichkeiten, die das Leben manchmal mehr als die sogenannten großen Themen bestimmen.

Valerie Hillings

Die dynamische Kunsthistorikerin, mit dem unbezwingbaren Charme und der Verve der intellektuellen Ostküstenamerikanerin, arbeitet schon seit vielen Jahren über die ZERO-Kunst und ihre Wirkungen. Sie ist als Kuratorin im Guggenheim-Museum in New York beschäftigt und verantwortlich für die 2014 dort gezeigte Schau »Countdown to tomorrow 1950s–60s«. Valerie Hillings begründet überzeugend die große Bedeutung der Retrospektiv-Schau, da die künstlerischen Ausdrucksformen und das gesellschaftliche und soziale Umfeld der 1960er Jahre erst jetzt richtig eingeordnet werden können. Sie ist fasziniert von der damaligen Internationalität des Verständnisses der ZERO-Künstler und zeigt die Vielfalt in der Ausstellung mit grandiosen Beispielen der Freunde der deutschen ZERO-Künstler, vor allem Yves Klein, Lucio Fontana und Piero Manzoni, die allesamt gute Bekannte und Freunde von Heinz Mack, Otto Piene und Günther Uecker waren.

Bei Heinz Mack beeindruckt sie besonders das Sahara-Projekt als Pionierleistung, da es weit vor allen, die sich später unter dem Titel der »Land-Art« versammelten, in Szene gesetzt wurde. Auch die bildhauerischen Arbeiten, die Reliefs und die Stelen Macks sind für sie von beson-

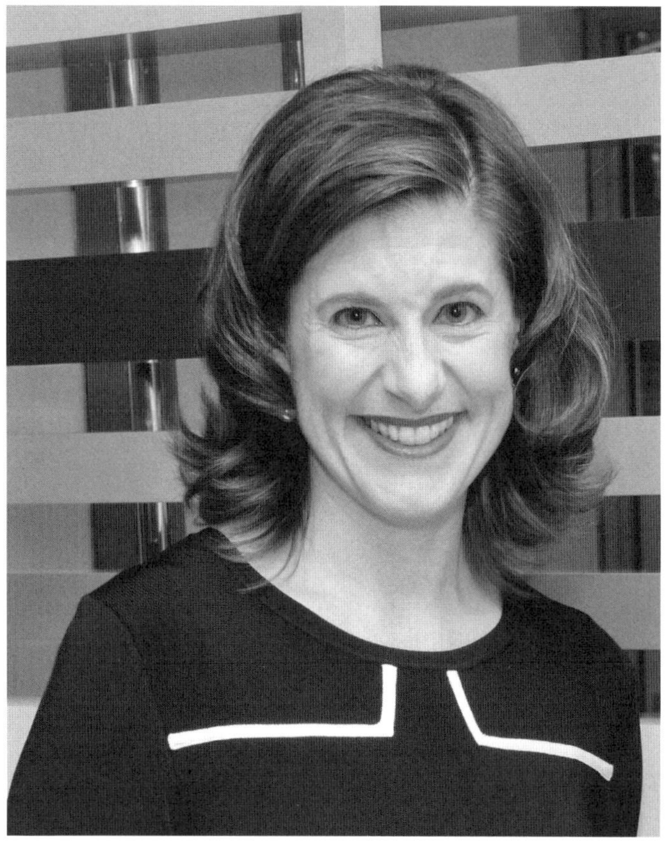

derer Aussagekraft, stehen sie doch in einem engen zeitlichen Zusammenhang mit den Materialien und dem Design, das man aus der Weltraumforschung kennt. Valerie Hillings ordnet die Entstehung der ZERO-Kunst als eine Bewegung ein, die als Abwendung vom damaligen Mainstream der expressionistischen Tafelmalerei mit ihren stark und gestenreich aufgetragenen Ölstrukturen und des Informel gewertet werden muss. Hier hebt sie ganz besonders hervor, dass alle Künstler sich mit dem überkommenen Leinwandbild distanziert auseinandersetzten. Fontana zerschnitt es bekanntlich, Piene arbeitete mit Feuer, Heinz Mack benutzte Metall, Silberfolie und setzte sich dadurch ganz bewusst von der klassischen Leinwand ab. Auch die von Mack bevorzugte Dreidimensionalität gegenüber der Flachware des konventionellen Tafelbildes betrachtet sie als Meilenstein der Kunstgeschichte und würdig, in dieser umfassenden Form in einem der bedeutendsten Museen der USA gezeigt zu werden.

Erika Hoffmann

Die ausgebildete Kunsthistorikerin und bedeutende Sammlerin zeitgenössischer Kunst begann ihre Leidenschaft im Jahr 1968. Aufgrund der Nähe ihres Wohnortes Mönchengladbach zu Düsseldorf und der dortigen Kunstszene setzte sie sich zunächst mit den Ideen und Arbeiten der Künstler der Gruppe ZERO (Günther Uecker, Heinz Mack, Otto Piene) auseinander. Sie faszinierte die Verwendung nicht als klassisch einzustufender Materialien, wie Licht, Strukturen und Bewegung, die sie bei Heinz Macks Metallarbeiten und kinetischen Werken besonders schätzt. Das Unternehmerehepaar Hoffmann, das in der Textilindustrie erfolgreich war, empfand große Sympathie mit dem durch die ZERO-Kunst zum Ausdruck kommenden Neuanfang. Die Vorstellung einer sich wandelnden »neuen Gesellschaft« reflektierten offenbar die Sehnsüchte der Hoffmanns, ohne dass Heinz Mack bei seinen Arbeiten diese Intention stets und spezifisch im Auge hatte.

Erika Hoffmann schätzt bei Heinz Mack vor allem dessen Arbeiten im öffentlichen Raum, zuletzt die Mosaikstelen vor San Georgio in Venedig, die sie als in perfekter Weise passend für den dortigen Raum installiert empfindet.

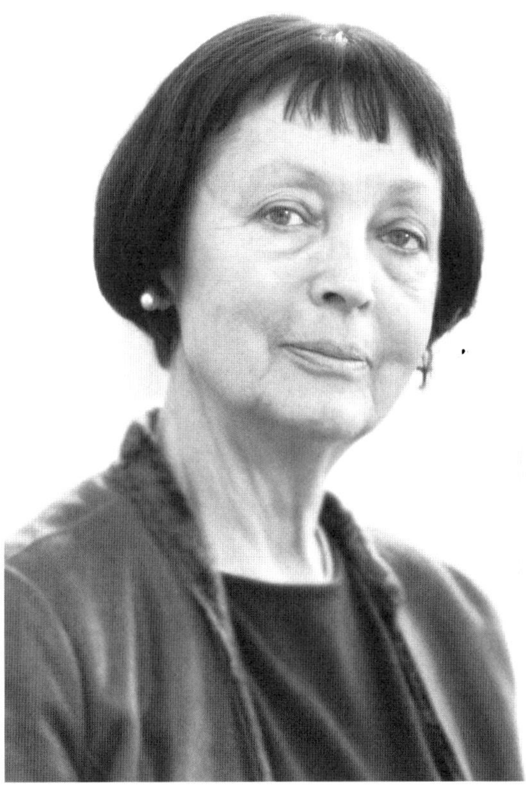

Hans Mayer

Der seit fast fünfzig Jahren erfolgreiche Galerist begann seine Tätigkeit als 25jähriger in Esslingen, einer Stadt, die sich bis dahin neben der Großstadt Stuttgart als Kunstmetropole noch keinen wirklichen Namen gemacht hatte. Mit Wohlwollen reagierte deshalb damals die Presse auf die mutige Galerieeröffnung eines kunstbegeisterten Neulings. Hans Frieder Mayer sollte schon bald Erfolg haben und zu den Begründern des »Kunstmarkts Köln '67« – der heutigen Art Cologne – gehören.

Und von 1967 bis 1986 verfolgte er zuerst in Krefeld, dann in Düsseldorf mit der Avantgardegaleristin Denise René als Partnerin konsequent ein konstruktiv-konkretes Programm, das er schon früh um die großen internationalen Künstlernamen erweiterte, wodurch er schnell zu einem der international renommiertesten Galeristen avancierte.

Er zeigte Arbeiten von Heinz Mack 1967 in der schwäbischen Kleinstadt zum ersten Mal und berichtet im Gespräch schmunzelnd und sich offenbar heute noch darüber amüsierend, auf welche Weise er die Aufmerksamkeit des Publikums erreichte. Heinz Mack erschien auf der Vernissage in seinem berühmten Silberanzug, was bei Mayer auf große Sympathie stieß, denn er begann seine Galerietätigkeit mit Arbeiten von Op-Art-Künstlern und hatte selbst ein Faible für ausgefallene Kleidung.

Hans Mayer blieb sich und seinen Aufmerksamkeit heischenden und stets äußerst erfolgreichen Extravaganzen auch nach dem Umzug nach Düsseldorf treu. So veranstaltete er u.a. mit Arbeiten von Heinz Mack eine Schau im Konsumpalast der Düsseldorfer Kaufhof-Filiale. Zwischen den Kleiderständern zeigte er die Arbeiten, und sie wurden gekauft. Mayer be-

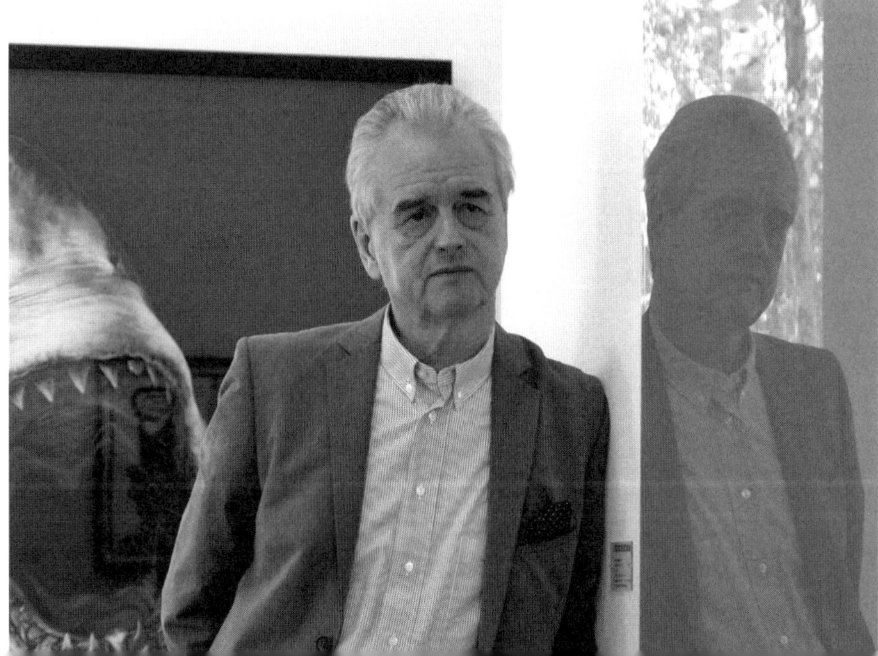

scheinigt Heinz Mack eine schier unglaubliche kreative Ideenwelt und qualifiziert die frühen Lichtarbeiten und Reliefs als seine persönlichen Favoriten.

Zuletzt, im September 2011, eröffnete Hans Mayer in Düsseldorf am Grabbeplatz anstelle seiner alten, seit 1972 existierenden, Galerie in einem Neubau ein neues Domizil – und machte mit einer 3D-Performance der Düsseldorfer Elektronikband *Kraftwerk* seinem schon mit der Eröffnung der Esslinger Galerie begründeten Ruf als Crossover-Galerist der ersten Stunde alle Ehre.

Jan Rüggeberg

Den Unternehmer und ausgebildeten Volkswirt Jan Rüggeberg verbinden gleich mehrere Gemeinsamkeiten mit Heinz Mack.

Das Praktische sind die von seiner Firma hergestellten Werkzeuge, die Heinz Mack des Öfteren für seine Installationen benötigt und wegen der Qualität besonders schätzt. Die zweite Gemeinsamkeit ist der Besitz einer Finca auf der Mittelmeerinsel Ibiza, die sie beide als erholsamen und geradezu paradiesischen Rückzugsort genießen. Dort haben sie bei wechselseitigen Besuchen in ihren Häusern festgestellt, dass beide afrikanische Kunst sammeln. Und Jan Rüggeberg ist ein leidenschaftlicher Kunstsammler, der seit vielen Jahren mit der Kunst Heinz Macks vertraut ist.

Das Interesse für die Kunst Macks begann bereits 1971, als Jan Rüggeberg das erste Werk erstand. Seine Vorliebe gilt dem Bildhauer Mack, dessen skulpturale Arbeiten er besonders schätzt und in seiner unmittelbaren persönlichen Umgebung aufstellt. Er bewundert aber auch den Fotografen und Musiker sowie sein intensives und forschendes Interesse an der Architektur.

Die Aufbruchstimmung, die er in den Arbeiten erkennt, hat ihm neue geistige Horizonte geöffnet. Er fühlt sich nicht zuletzt wegen dieser Erweiterung des intellektuellen und künstlerischen Blickfeldes dem Künstler eng verbunden. Jan Rüggeberg wundert sich im Übrigen – wie viele andere im Rheinland auch – dass außer dem Museum Kunstpalast das einzige dem Land Nordrhein-Westfalen gehörende Museum, die Kunstsammlung NRW, keinerlei Arbeiten von Mack und seinen ZERO-Mitstreitern besitzt. Offenbar fehlten bislang den Direktoren dafür die notwendige Sensibilität und der Blick, das Wegweisende und Sprengende dieser international renommierten Kunstrichtung zu erkennen.

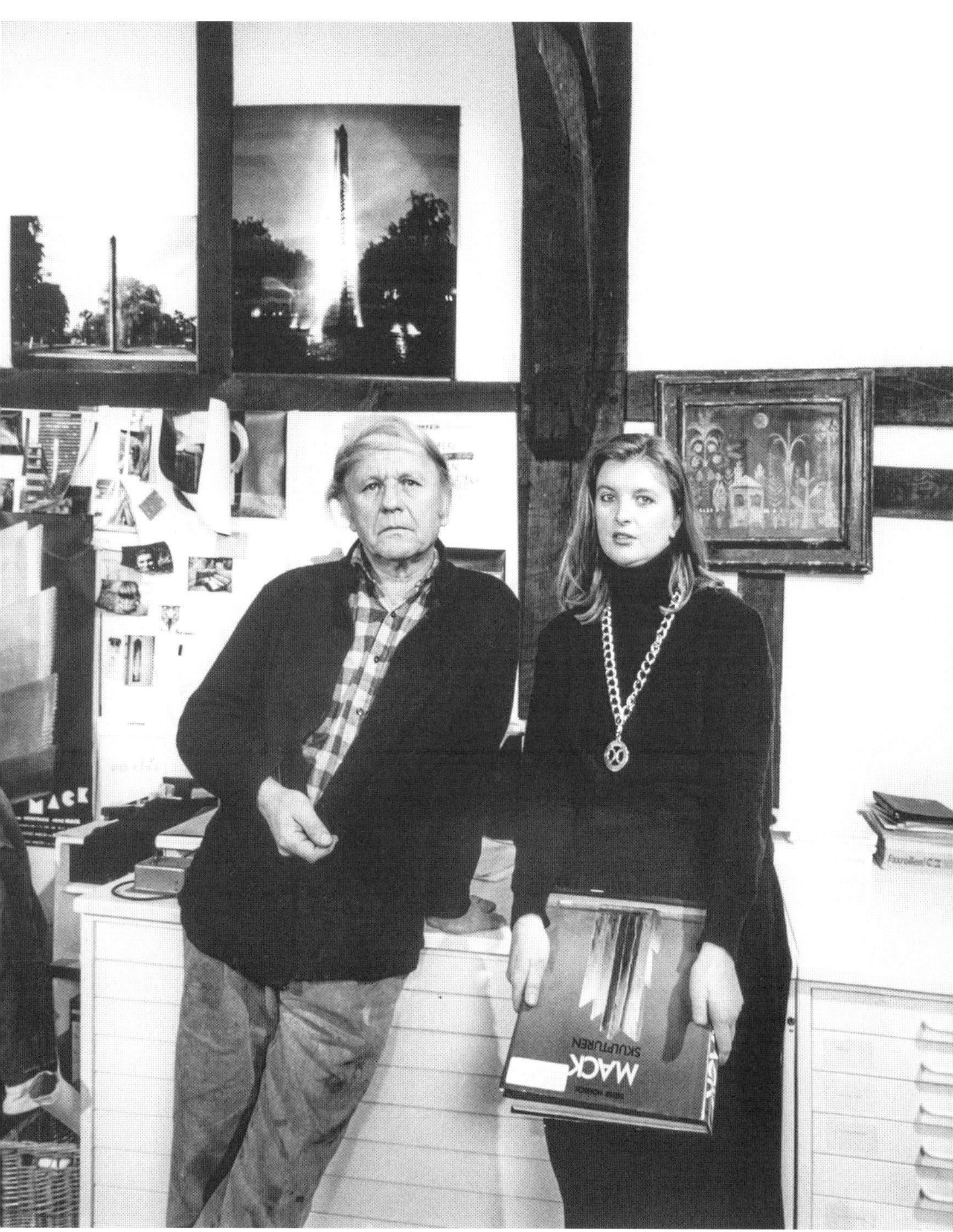

Ute und Heinz Mack im Atelier-Büro, 1990

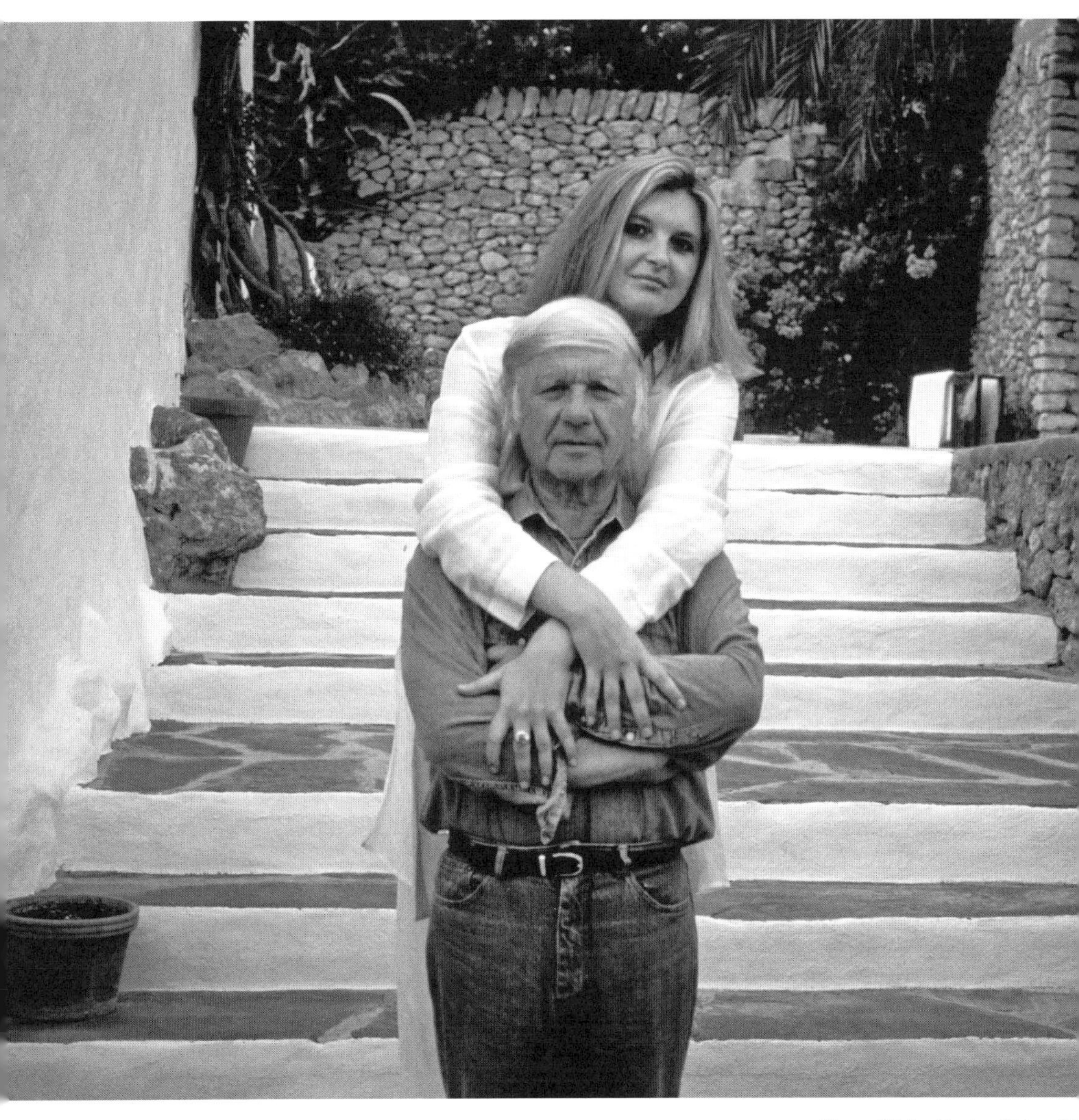

Ute und Heinz Mack auf Ibiza, 19

UTE MACK

Was muss passieren, damit zwei Menschen zusammenfinden im Leben – so wie Sie beide?

Die Wege dieser beiden Menschen müssen sich kreuzen, im richtigen Moment. Das kann man dann Schicksal nennen. Der richtige Zeitpunkt ist wichtig und auch alles, was die beiden vor der ersten Begegnung erlebt und erfahren haben ist bedeutsam.

In welchem Moment Ihres Lebens trafen Sie auf welchen Moment im Leben von Heinz Mack?

Natürlich ohne es ahnen zu können, trafen wir uns wenige Wochen vor einem schrecklichen Ereignis. Sein Wohnhaus mitsamt der wunderbaren privaten Kunstsammlung brannte ab. Es hat sehr lange gedauert, bis diese Schatten verblasst sind. Das waren ja gänzlich unersetzliche, persönliche Werte, die verbunden waren mit vielen Geschichten über die Freundschaft unter Künstlern wie mit Yves Klein, Lucio Fontana und vielen anderen der ZERO-Zeit. Über diesen persönlichen Verlust hinaus, hat es auch Jahre gedauert, bis alle Spuren und Gerüche des Brandes verschwunden waren. Wie oft wurde noch ein Karton geöffnet und der Schmauchgeruch stieg auf. Das war fast unerträglich. Als ich dennoch gut drei Monate nach dem Brand anfing, für Heinz Mack als Sekretärin zu arbeiten, war alles geprägt von dieser Katastrophe. Der durch dieses Ereignis sehr mitgenommene Künstler lebte äußerst spartanisch im Dachgeschoss des Nebengebäudes: ein Bett, ein Tisch und zwei Stühle. Vorher diente es als Lagerraum, heute ist der Bereich mein Büro. Im Erdgeschoss befanden sich ein Schreibtisch und ein Arbeitstisch. Da nahm ich nun damals Platz mit Ausblick auf das abgebrannte Wohnhaus und dann zweieinhalb Jahre mit Blick auf die Baustelle. Dazu gab es die Werkstatt und ein Künstleratelier, das aber vollgestellt war mit allen Dingen, die man noch gerade hatte retten können. So fing unsere gemeinsame Geschichte an.

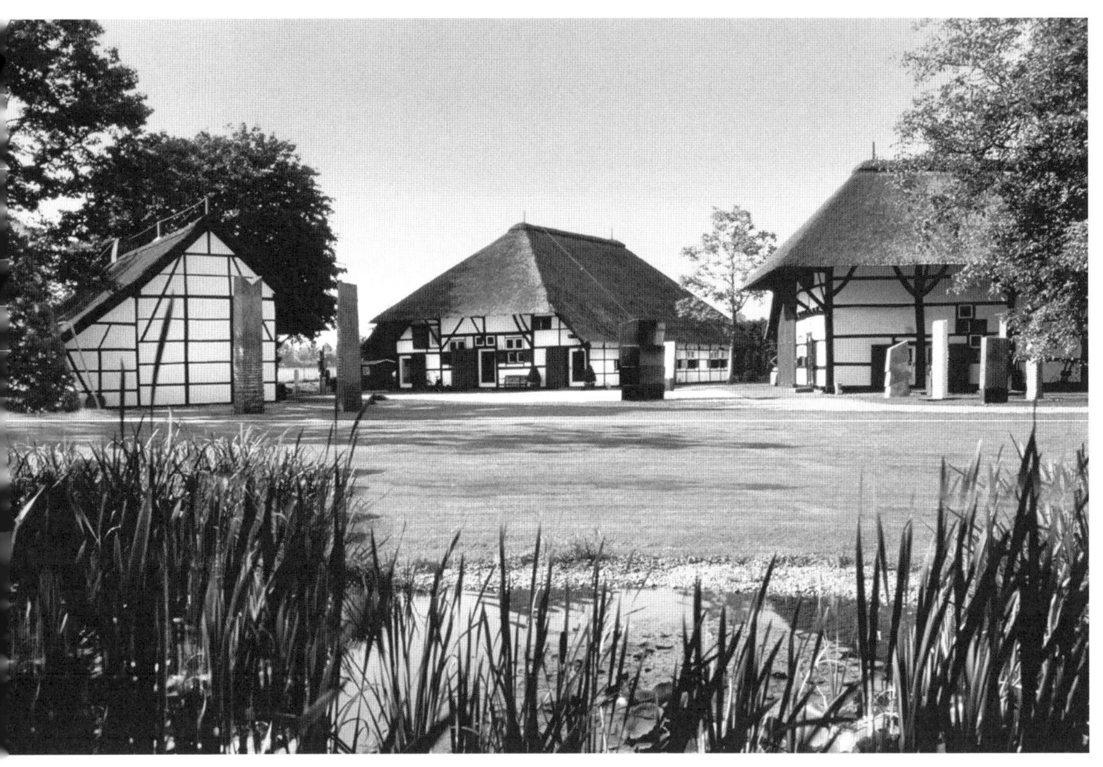

Huppertzhof, Mönchengladbach

Wie entstand die Liebe? Wohin trug Sie Ihre Liebe?

Unsere persönliche, private Geschichte beginnt erst im Sommer 1985. Wir hatten uns mit dem Material für ein Buchprojekt in ein Haus auf Ibiza zurückgezogen, weil auf dem Huppertzhof sehr viel Unruhe durch die Wiederaufbauarbeiten herrschte. Auf der Insel sind wir uns dann ungeplant und unerwartet näher gekommen und haben uns verliebt. Das war der schönste Anfang. Unsere Liebe und das Vertrauen entwickelten sich dann mit der Zeit, weil anfangs eben einiges kompliziert und belastet war.

Ist Ihre gemeinsame Tochter Valeria Ausdruck Ihrer Innigkeit?

Absolut. Wir waren und sind »die 3 Macks«.

Heinz Mack ist viel älter als Sie. Hat Sie das nie gestört? Stört es Sie heute?

Es hat mich nie gestört. Es stört mich auch heute nicht. Mich schmerzt zuweilen nur, dass wir beide das Altern nicht aufhalten können. Heinz geht bewundernswert diszipliniert damit um. Er wendet sich intensiv seiner künstlerischen Arbeit zu, der Musik, die er liebt, und philosophischen Betrachtungen.

Mack ist einnehmend als Künstlerpersönlichkeit. Wie gehen Sie mit einem solchen Ehepartner im Alltag um?

Der Künstler braucht Imagination und Freiraum für seine Kunst. Und sein Leben besteht nur aus Kunst. Ich habe mich dem angeschlossen. Ich versuche, die Freiräume zu schaffen und kümmere mich um die Kunstwerke. Das ist unser Alltag.

Wie viele Rollen spielen Sie – und wie viele Aufgaben übernehmen Sie an seiner Seite?

Heinz Mack hat es selbst einmal humorvoll und nett formuliert. Ich bin Managerin, Ehefrau, Finanzminister, Mutter, Köchin, Ratgeberin, Gärtnerin, Kritikerin, Geliebte, Krankenschwester, Reisekauffrau, Tierpflegerin, Psychologin …

Sind Sie auch Muse?

Heinz hat vor Jahren ein herrliches Künstlerbuch gestaltet zum *West-Östlichen Divan* von Johann Wolfgang von Goethe. Auf der ersten Seite steht mit seiner einzigartigen Handschrift geschrieben: »Für Ute – meine Suleika«. Darüber freue ich mich sehr, damals wie heute.

Was machen Sie am allerliebsten zusammen?

Wir reden viel miteinander, meistens natürlich über die Kunst, die anstehenden Aufgaben und Anfragen, über das, was jeder am Tag gemacht, gehört, erlebt hat. Oder wir reden über das, was man gelesen hat. Das fängt mit der Tagespresse an. Ansonsten liest Heinz mehr Poesie und philosophische Literatur, ich eher Romane oder Biographien. Am liebsten sitzen wir dabei draußen. Am allerliebsten in unserem Garten auf Ibiza. Wir lachen auch gerne, und deshalb mögen wir Komödien und Komiker,

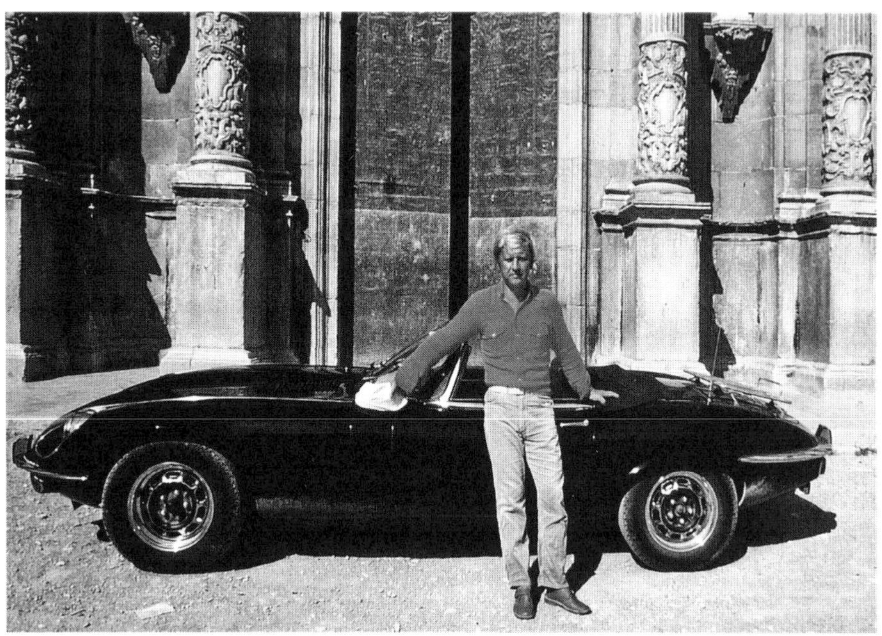

Heinz Mack vor seinem Jaguar E-Type, Ende 1960er

sehen aber auch gerne andere gute Filme, spannende, dokumentarische oder auch gerne Musikfilme. Die Musik ist – wie ich schon sagte – sehr wichtig. Heinz sitzt oft am Flügel abends und spielt. Ich höre sehr gerne zu. Klaviermusik beruhigt mich sehr. In seinem Atelier arbeitet er auch fast immer bei Musik, das kann Klassik, Jazz oder zeitgenössische Musik sein. Wir haben grundsätzlich auch sehr gerne Gäste, derzeit kommt dieser Wunsch jedoch zu kurz aufgrund von mangelnder Zeit. Ab und zu und wenn das Wetter es erlaubt, fahren wir auch gerne mit dem offenen Wagen durch die Landschaft. Mein Mann kennt die Umgebung hier am Niederrhein sehr gut, er ist vor einigen Jahren zu regelrechten Fotoreisen aufgebrochen und hat alte Gutshöfe und Herrenhäuser aufgespürt und fotografiert. Ein ähnliches Projekt hat ihn in den ersten Jahren auf Ibiza inspiriert. Kreuz und quer fuhr er immer wieder über die Insel in einem kleinen R4. Und alles, was besonders und einzigartig für die Insel ist, wurde fotografiert. Daraus wurde später das Buch *Ibiza – Insel im Licht*.

Dieser R4 war dem Autonarr Heinz Mack sicher zu langsam, da er doch sein Leben lang schnelle Wagen liebt. Welche Autogeschichten Ihres Mannes haben Sie miterlebt?

Mit einem Lamborghini Jarama 400 GTS mit 12 Zylindern würde man auf der Insel Ibiza nicht weit kommen, vor allem nicht, wenn man abseits der Hauptstraßen nach architektonischen Schätzen sucht. Kurz nachdem wir uns kennengelernt hatten, fuhren wir im November 1984 mit solch einem silberfarbenen Auto zur Gründungsfeier des Kunstvereins in Dortmund. Der Rückweg gestaltete sich äußerst lang, da es Nebel gab, den ich so nie mehr erlebt habe. Man konnte zeitweise sprichwörtlich die Hand vor Augen nicht mehr sehen. Dazu kam dann noch Regen. Plötzlich hatte ich nasse Füße. Heinz Mack beruhigte mich aber, dies sei ganz normal. Im Fußraum würde sich immer Wasser ansammeln bei Regen. Die Ursache habe man bis heute noch nicht finden können. Zu dieser Zeit besaß Heinz Mack außerdem noch einen Jaguar E-Type als Cabrio, auch ein 12 Zylinder. Beide Autos waren traumschön, aber sehr oft nicht fahrbereit, weil sie in der Werkstatt standen.

Hatten Sie auch Angst um Ihren Mann, dem ein Auto offenbar gar nicht schnell genug sein konnte?

Erstmals Angst hatte ich um ihn, als er mit 70 Jahren als Gast von Daimler die Mille Miglia mitfuhr. In einem getunten Flügeltüren-Coupé 300 SL

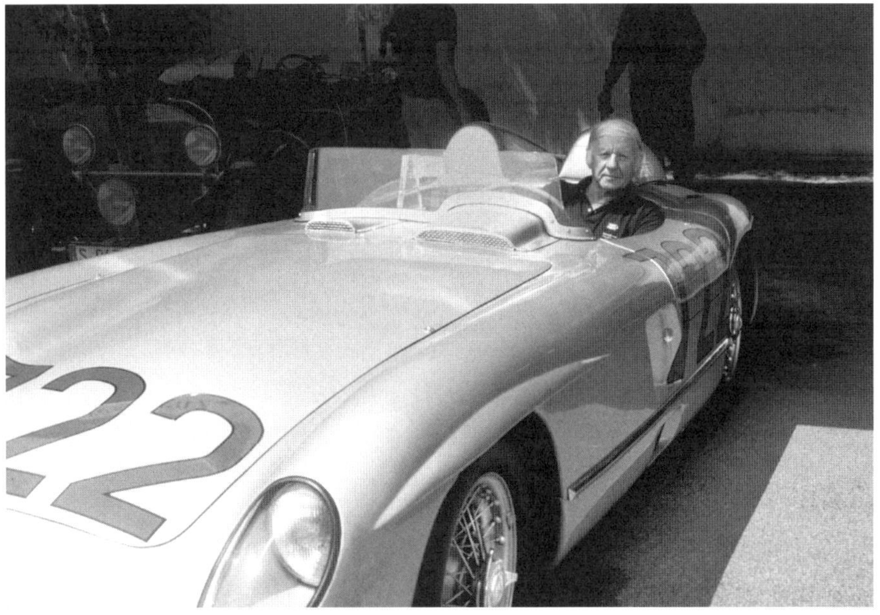

Heinz Mack im Siegerauto der Mille Miglia, 2001

ohne Klimaanlage und ohne Servolenkung war er immer so schnell wie möglich unterwegs. Abends rief er mich vom Hotel aus an, berichtete von Schwindelanfällen und Schlaflosigkeit. Und am nächsten Morgen sollte es dann um sechs Uhr schon wieder weitergehen. War ich froh, ihn unversehrt wiederzusehen! Da musste eine Flasche Champagner geöffnet und gefeiert werden.

Die Stunden Ihres privaten Miteinanders sind rar. Was kochen Sie, wenn Sie Ihren Mann einmal richtig verwöhnen wollen?

Ich komme nicht regelmäßig zum Kochen. Aber eigentlich koche ich sehr gerne. Und wenn ich dann Zeit dazu habe, freut sich mein Mann sehr. Heinz sagt, am besten schmeckt es ihm, wenn ich koche. Das hört man doch gerne. So macht es mir wirklich Freude, für ihn zu kochen, weil er ein aufmerksamer und dankbarer Mann und Esser ist. Ein Lieblingsrezept gibt es in dem Sinne nicht. Ich probiere gerne neue Rezepte aus, die einfach, aber gut sind.

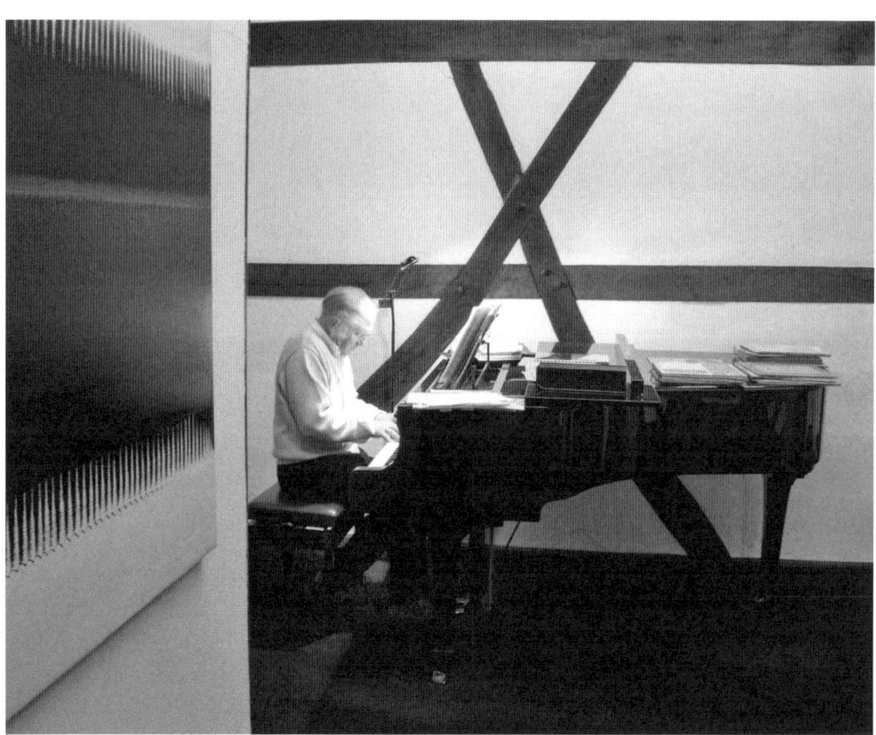

Heinz Mack an seinem Flügel, 2010

Welches ist das wertvollste Kompliment, das er Ihnen machen kann?

Ganz besonders habe ich mich gefreut, als Heinz in einem sehr langen Interview, das 2005 publiziert wurde, auf die Frage »Welche Menschen haben Ihren Lebensweg entscheidend mitgeprägt?« antwortete: »Meine arme Mutter, Dr. Hülsmann, Lehrer in Deutsch und Philosophie, Dr. von Brandis, mein Klavierlehrer, alle meine Künstlerfreunde und natürlich Frauen, die ich geliebt habe. Und ganz besonders meine Frau Ute.«

Vor Ihnen gab es andere Frauen in Macks Leben. Hat Sie das irritiert?

Nein, warum sollte mich das irritieren? Mein Mann war 56 Jahre alt, als wir geheiratet haben. Da hatte er schon ein reiches Leben gelebt. Irritiert hat es mich jedoch, wenn Frauen auch nach unserer Hochzeit noch mit gewissen Hoffnungen ausschließlich Kontakt zu Heinz suchten. Mit anderen Frauen, die mir entgegen kamen, habe ich mich gut verstanden.

Und andere Kinder hatte er auch.

Ja, es gibt zwei Töchter aus erster Ehe, die quasi in meinem Alter sind. Sie haben eigene berufliche Interessen und Kinder, die auch schon volljährig sind. Als Heinz und seine erste Frau sich scheiden ließen, waren die Kinder noch sehr jung. Das war für alle Seiten bestimmt sehr schwierig. Das galt auch für die Zeit danach. Ich persönlich hatte immer den Wunsch, hier in positivem Sinn, so weit es möglich war, zu vermitteln.

Wie würden Sie Ihr Leben beschreiben zwischen Huppertzhof, Ibiza und den internationalen Ausstellungsstationen, zu denen Sie häufig aufbrechen?

Wir arbeiten gerne auf dem Huppertzhof, und wir arbeiten gerne auf Ibiza. Der Unterschied ist, dass wir auf dem Huppertzhof heute unsere wunderbaren Mitarbeiter um uns haben, die bei allen denkbaren Aufgaben hilfreich sind. Hier gibt es viele Termine und Gespräche. Galeristen und Kuratoren, Filmteams und Fotografen kommen, Speditionen und so fort. Auf Ibiza arbeiten Heinz und ich alleine, ohne Termine, wenn irgend mög-

lich. Der Künstler zieht sich dort in sein Atelier zurück, ich ziehe mich in mein Büro zurück. Die Arbeitsreisen, beispielsweise im Mai 2014 nach Venedig zu der dort ausgestellten Installation *The Sky Over Nine Columns* oder zu Artist Talks wie zuletzt im Manarat Al Saadiyat auf Einladung des Guggenheim Abu Dhabi unternehmen wir gemeinsam. Im vergangenen Oktober ging es nach New York, wo die ZERO-Ausstellung im Guggenheim Museum eröffnet wurde. Einen Tag später war die Vernissage zu der Einzelausstellung bei Sperone Westwater. Wenn man teils jahrelang an Projekten oder Ausstellungen gearbeitet hat, ist die Einweihung einer Installation oder die Vernissage der Höhepunkt. In diesem Sinne arbeiten wir zusammen und feiern zusammen. Dazwischen versuchen wir, Ruhepunkte zu finden. Die sind für uns überlebenswichtig.

Wie schauen Sie gemeinsam in die Zukunft?

Wir möchten unser Leben so weiterführen wie bisher. Wir sind dankbar für jeden Tag und wünschen uns vor allem Gesundheit dazu.

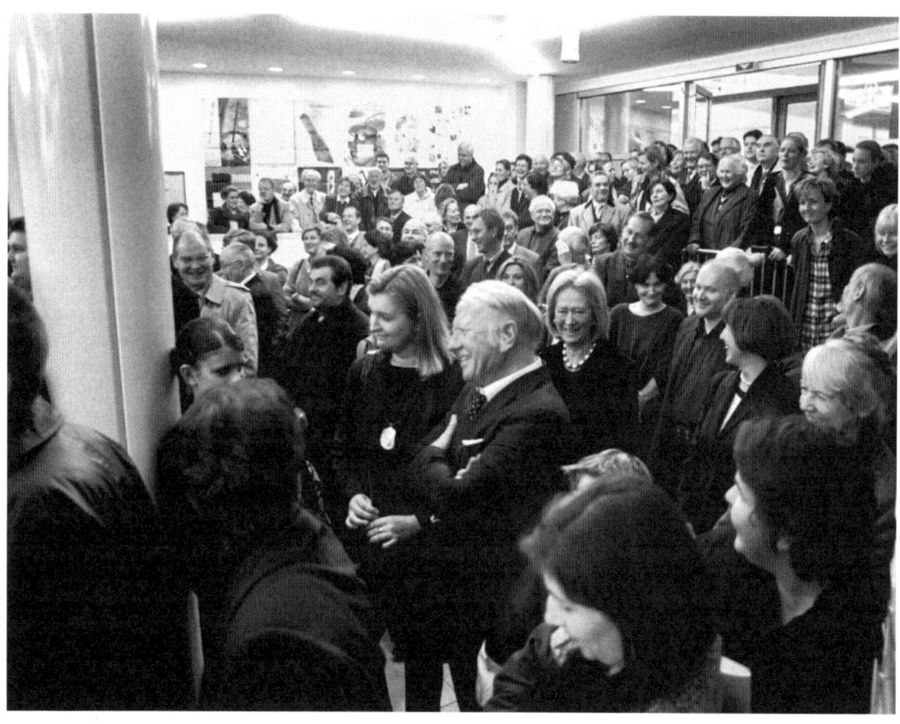

Eröffnung der Ausstellung *Mack-Malerei 1991–2001* im Museum Abteiberg, 2001

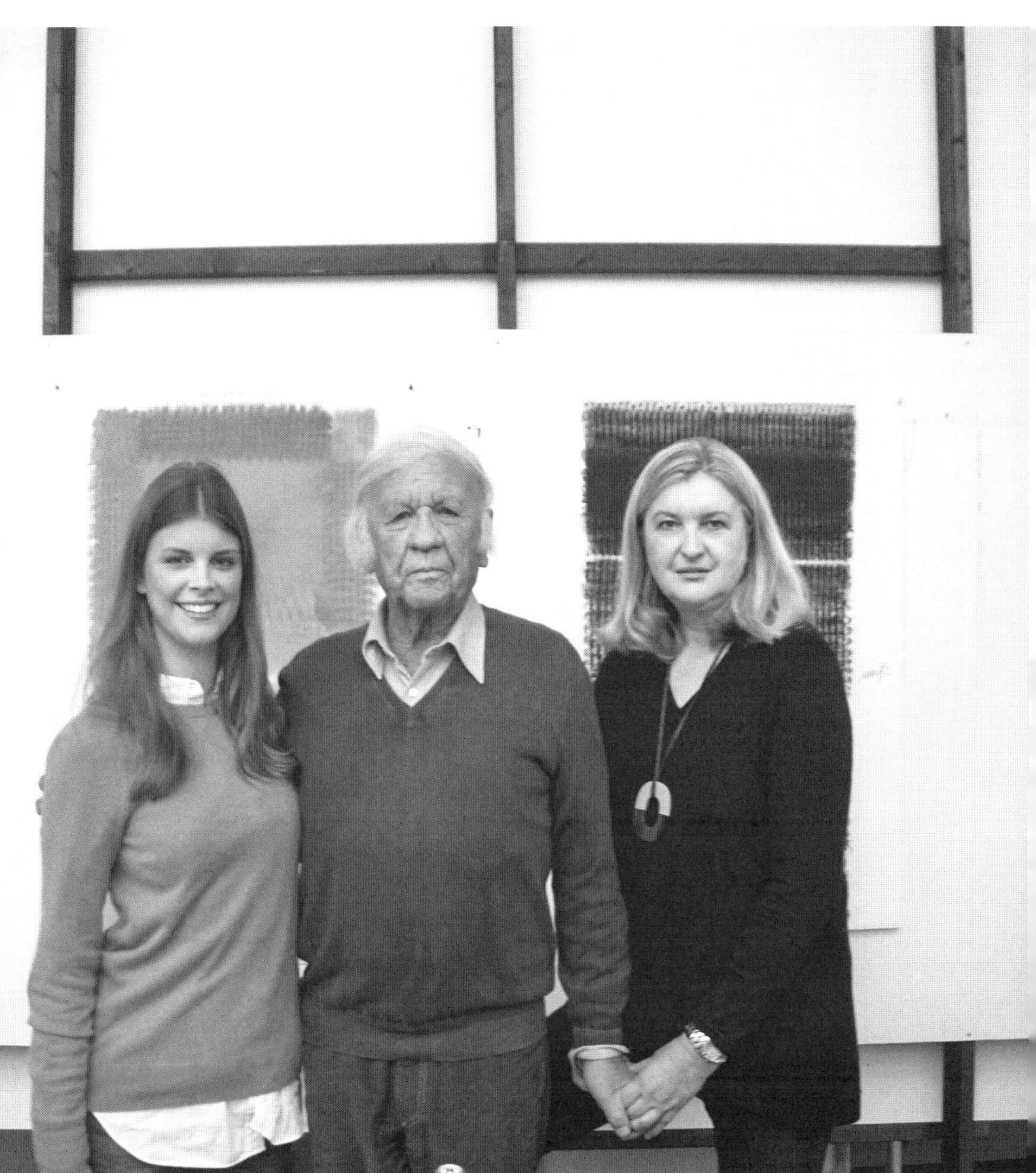

Valeria, Heinz und Ute Mack, 2015

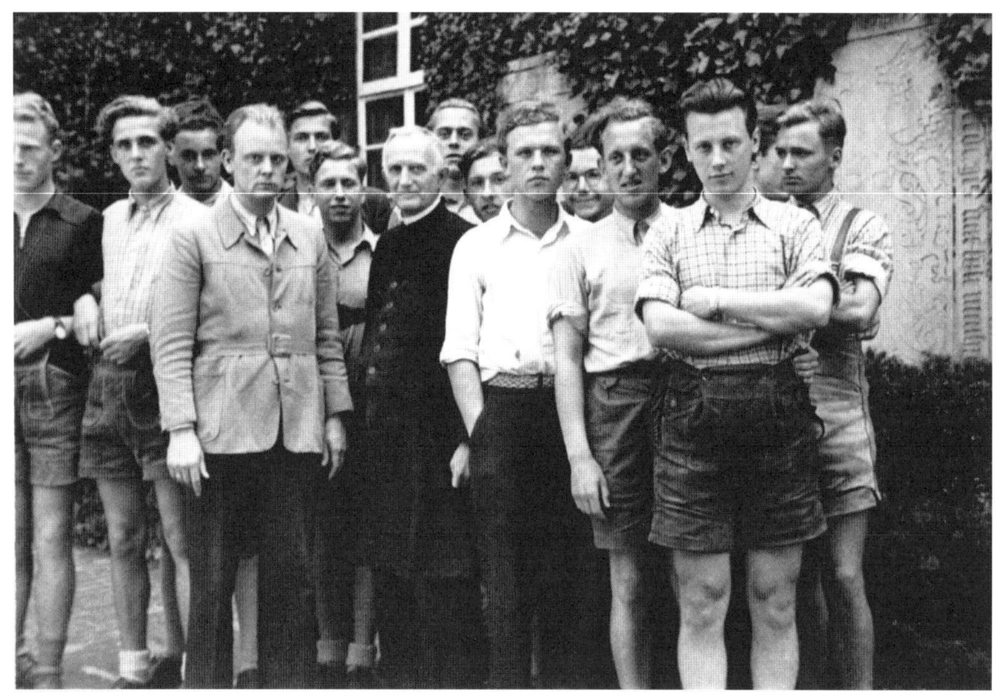

Die Oberprimaner während eines mehrtägigen Klassenausfluges im Kloster Marienthal, Hamminkeln, Heinz Mack (vorne rechts vom Pastor), Dr. Heinz Hülsmann (vierter von links), Prof. Paul Wolters (fünfter von links), 1950

PAUL WOLTERS

Herr Professor Wolters, Sie waren mit Heinz Mack bis zum Abitur zusammen, das Sie 1950 auf dem Fichte-Gymnasium in Krefeld absolvierten. Sie galten als der Klassenprimus. Welche Position hatte Mack inne?

Man merkte schon früh, dass einmal ein Künstler aus ihm werden könnte. Wir waren eine sehr kleine Klasse mit nur 17 Jungen, so waren wir entsprechend vertraut miteinander. Wir haben damals schon Heinz Mack erlebt als jemand, der gerne Texte schrieb, zeichnete und malte. Er war auch für sein brillantes Klavierspiel bekannt. Die Fichte-Schule, wie das Gymnasium früher hieß, war ein naturwissenschaftliches Gymnasium. Aber die Naturwissenschaften waren Macks Stärke eher nicht. Damals ging man noch sechs Tage zur Schule. Und wir hatten jeden Tag Mathematik. Als der Lehrer, der unser Direktor war, sich einmal im Mathematikunterricht von Mack etwas zeigen ließ, sagte er zu ihm: »Ja, Herr Mack, das ist was anderes als Kunst!«. Wenn das auch mahnend klang einerseits, so zeigte es doch auf der anderen Seite, dass der Direktor ihn schon früh als Künstler anerkannte.

Was zeichnete Heinz Mack als junger Mann?

Auf unseren Klassenfahrten, die wir damals unternahmen, hat er oft im Rasen gesessen und gezeichnet. Aber unser Zeichenlehrer fand seine Arbeiten nicht gut. Es entsprach nicht den Vorstellungen, die man in den 1940er Jahren von Kunst hatte, obwohl er damals gegenständlich malte.

Haben Sie ihm über die Schulter auf den Block geschaut?

Ja, und da sah ich, dass er im Vergleich zu uns anderen schon eine eindeutige Kontur hatte und eine gewisse Qualität in allen Skizzen.

Was war Heinz Mack für ein Typ als Jugendlicher?

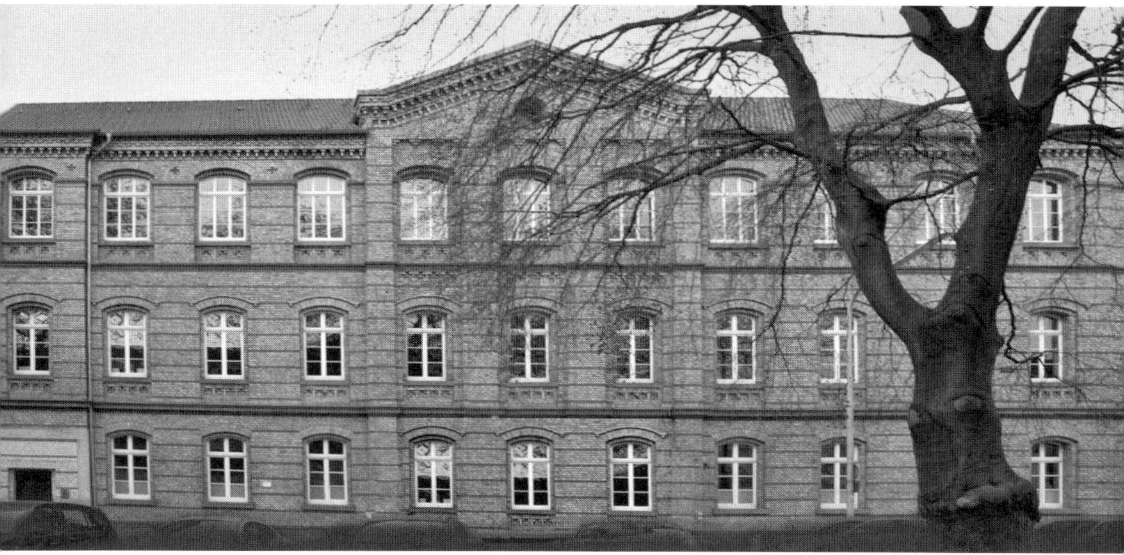

Die Fichte-Schule in Krefeld

Wenn ich an die alten Zeiten denke, dann habe ich einen strahlenden jungen Mann vor Augen, der immer ganz originelle Ansätze verfolgte und verwegene Projekte im Sinn hatte, die er gemeinsam mit anderen durchsetzen wollte. Heute würde man sagen, er war ein Kommunikator.

Wie stark haben Sie Ihre Lehrer beeinflusst?

Es gab solche und solche. Unsere Schule war zum Glück nicht 100-prozentig nationalsozialistisch durchsetzt. Wir wurden von einigen Lehrern sensibilisiert, genau zu entscheiden, welche Wahrheit wir glauben wollten und konnten. Und wir hatten Lehrer, die das Curriculum nicht ganz so streng auslegten. Wir hatten vor allem Glück mit unserem Lehrer Dr. Heinz Hülsmann, dem wir beide viel verdanken. Er war Professor für Philosophie und unser Klassenlehrer. Ein Vorbild für uns alle und ein sehr bestimmender Mensch. Er war es auch, der uns die Brücke gebaut hat in die neue Zeit, als der Krieg endlich vorbei war.

Wie hat er es vermocht, diese Brücke zu bauen?

Indem er uns zusammengebracht hat mit den Erkenntnissen auch solcher Philosophen, die während der Nazizeit vergessen oder verdrängt waren,

etwa mit Martin Heidegger, bei dem ich später studierte. Wir haben Texte mit ihm gelesen. Bei Hülsmann lernten wir lebensbezogene Philosophie und Literatur. Er war einer der wenigen Lehrer, der auch versuchte, die neuere Geschichte aufzuarbeiten. Das war ja nicht selbstverständlich.

Wie verlief Ihre Schulzeit mitten im Krieg?

Es gab Wochen und Monate, in denen wir nicht in die Schule gingen, vor allen Dingen gegen Ende des Krieges, als die schweren Bombenangriffe über Krefeld hereinbrachen. Ab Februar 1945 haben wir bis Kriegsende in einer Stadt gelebt, die schon von den Alliierten besetzt und zerstört war. Sehr viele meiner Mitschüler waren in Kinderlandverschickung, wir waren nur noch zu fünft oder sechst in der Klasse. Bei Kriegsende fand gar keine Schule mehr statt und als sie dann langsam wieder in provisorischen Gebäuden anfing – nach dem Sommer 1945 –, haben Heinz und ich

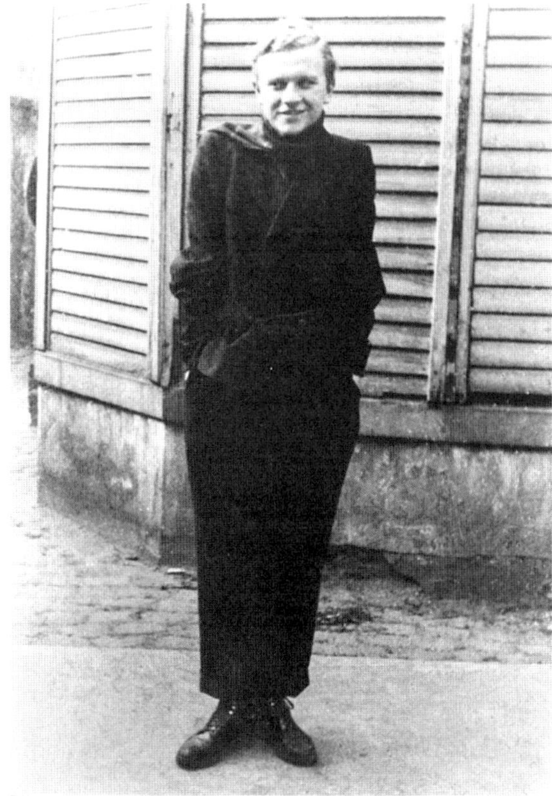

Heinz Mack
um 1948

uns in der gleichen Klasse wiedergefunden. Wir waren beide zum Glück unversehrt geblieben. Aber wir hatten sehr viel Schreckliches erlebt, die Beschießungen, die Schicksale, die Verschleppungen …

Und die »Reichskristallnacht«?

… die man nie vergessen wird und nie wieder erleben will. Als wir nach der »Reichskristallnacht« morgens in die Schule kamen, hatte unsere Lehrerin gesagt: In der letzten Nacht sind furchtbare Dinge in dieser Stadt passiert. Geht doch mal auf dem Nachhauseweg an der Synagoge vorbei und schaut, was da passiert ist. Damals waren wir noch in der Volksschule. Wir hatten später Lehrer, die versucht haben, das alles mit uns aufzuarbeiten – vor allem Dr. Hülsmann. Wir waren mehr oder weniger stark traumatisiert. In jener Zeit haben Mack und ich intellektuell zusammengefunden – indem wir uns vor allem über philosophische Fragen sehr intensiv auseinandergesetzt haben. Wir waren Suchende, das hat uns verbunden. Wir waren mit unserem Lehrer Hülsmann in ein Schullandheim gefahren, dort haben wir intensiv mehrere Tage diskutiert, über Existentialismus und die anderen großen Themen, die damals in der Luft lagen. Mit dem Nationalsozialismus haben wir uns sehr kritisch auseinandersetzen können dank dieses Lehrers, der nicht nur zurückblickte, sondern zugleich prospektiv denken konnte. Solche Menschen gab es nicht viele, 1950, in der jungen

Abstrakte Typologie von Heinz Mack

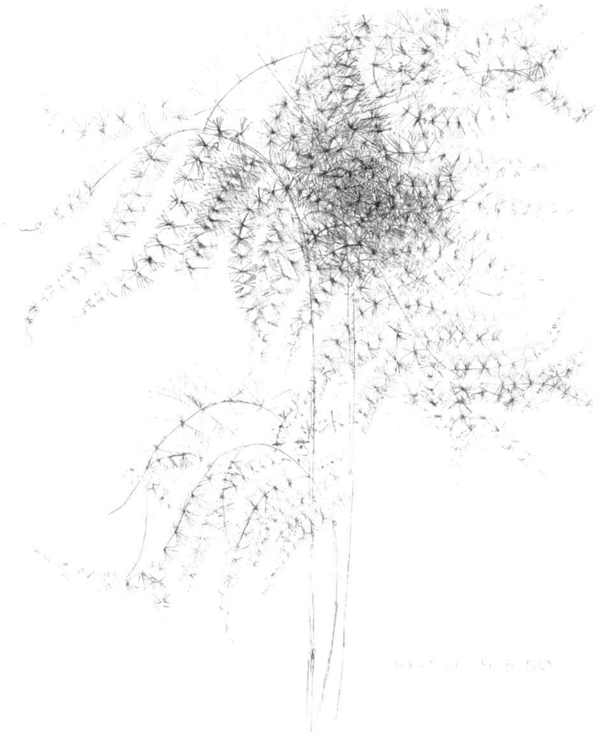

Pflanzen-Studie, 1950

Bundesrepublik. Die Angebote waren noch nicht so vielfältig, wie wir das heute kennen. Man musste sehr stark auswählen und war angewiesen auf relevante qualitätsvolle Hinweise.

Nach dem Gymnasium hatten sich Ihre Wege getrennt, aber Sie haben den Werdegang des Künstlers Heinz Mack verfolgt?

Ja, und es war ein frappierender Werdegang. Sogleich wurde Heinz Mack an der Kunstakademie aufgenommen. Ich fuhr von Krefeld oft mit dem Fahrrad nach Düsseldorf, wo damals die Musik spielte, und erlebte das alles mit. Ganz am Anfang der Altstadt gab es eine Galerie, in der ZERO mit den Aktionen und Ausstellungen anfing. Dort bekam man ein Heft in die Hand, in dem die These vertreten wurde: Rot ist die Farbe an sich. Das war eine radikale Form der Kunstentwicklung. Das war alles sehr neu für mich und absolut rätselhaft.

Schüler(in) Heinz Mack.

a. Ein Mensch mit starker Gestaltungskraft, spontan sowohl im Fühlen wie auch im Denken. Er ist der Typ des Ästheten, sowohl im Erleben wie im Erfahren. Universalität und Wiedergeburtserlebnis (im spr sprangerschen Sinne) sind für ihn wesentlich.

b. Ein offener Charakter, aber stark egozentrisch, was besonders im Gemeinschaftsleben bemerkbar ist. Ihm eignet ein lebhaftes Wesen, innerlich von starker Selbstgewissheit, jedoch bescheiden im Auftreten. Im Unterricht öfter zerstreut. Ein echter Leistungswille beseelt ihn, der zugleich in einem starken Verantwortungsbewusstsein für die eigenen Möglichkeiten gründet.

c. Er ist eine reich begabte Natur, vor allem was die Sprache und die Malerei angeht, wobei Letztere dominierend ist. Weniger liegt ihm ein rein rationales Denken, vielmehr ist er intuitiv und auch spekulativ veranlagt, mit Phantasie und Vorstellungskraft versehen. Dieses Schwergewicht der Begabung hat ihn schon innerhalb der Schulzeit vereinseitigt und ihm in der Mathematik sowie in den Naturwissenschaften Schwierigkeiten bereitet.

d. Bei Mack wird man die Gesamtleistung der letzten Jahre nicht in einer einfachen Formel zu fassen vermögen. Der Tendenz seiner Begabung folgend, hat er in den geisteswissenschaftlichen und auch den künstlerischen Fächern Ausgezeichnetes geleistet, wogegen vor allem in der Mathematik vieles zu wünschen blieb. Wenngleich auch in der Oberprima auf diesen Gebieten seine Arbeitsintensität zunahm, konnte die ungenügende Leistung nicht aufgeholt werden. Trotzdem möchte ich die Gesamtleistung,-will man schon ein zusammenfassendes Urteil geben - genügend nennen. Mack will zur Kunstakedemie nach Düsseldorf, wo er auf Grund seiner Arbeiten angenommen wurde.

Beurteilung des Schülers Heinz Mack vor der Abiturprüfung durch Schuldirektor Dr. Heinz Hülsmann, 1950

Haben Sie den Kontakt zu Mack immer gehalten?

Nicht kontinuierlich, denn unsere Lebenswege verliefen nicht parallel. Aber immer wieder haben wir uns ausgetauscht und tun es heute noch.

Haben Sie Mack früher auch bewundert?

Sicherlich. Denn wenn ich Werke von ihm gesehen habe – er hatte sehr früh schon rege ausgestellt –, da war mir klar, dass da eine besondere

Form der Kunst zu entstehen im Begriff war. Obschon wir nicht dieselben Wege gegangen sind, habe ich immer den Eindruck gehabt, dass wir unter dem Einfluss, den wir gemeinsam erfahren haben, ähnliche Weltanschauungen entwickelt haben, wobei er das natürlich ganz anders, nämlich höchst kreativ umgesetzt hat.

Wenn Sie an Heinz Mack denken, welches Bild haben Sie dann im Kopf?

Früher in unserer Jugend war er mir immer schon wie ein Künstler vorgekommen. Das war besonders interessant, weil die Lehrer ihn nicht so gut verstanden. Unsere Lehrer waren zu normal, um das Außergewöhnliche zu erkennen und vor allem, um es zu fördern. Deshalb erneuere ich seit langer Zeit Heinz Mack immer dasselbe Kompliment: Dass er in der Lage war, seinen Weg zu gehen gegen alle Widerstände, gegen die gängigen Meinungen und Kunstauffassungen, noch dazu ganz ohne Geld in einer Zeit, in der jeder erst mal nur an das Geldverdienen denken musste und an das Überleben. Ich sag' das mal so: Heinz Mack hat eine neue Welt geschaffen. Davon bin ich heute noch mehr überzeugt.

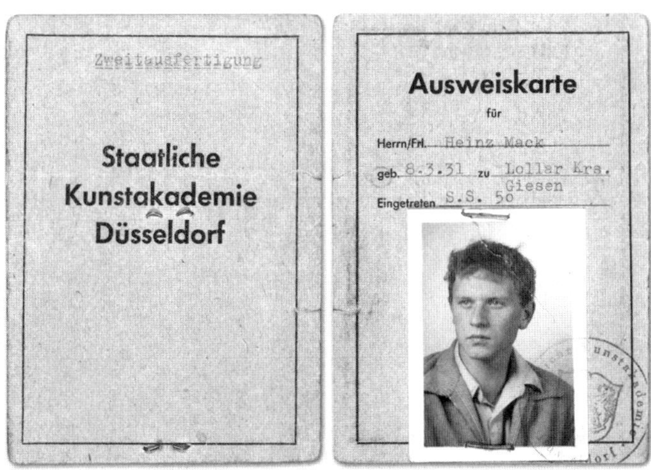

Ausweiskarte der Staatlichen Kunstakademie, 1956

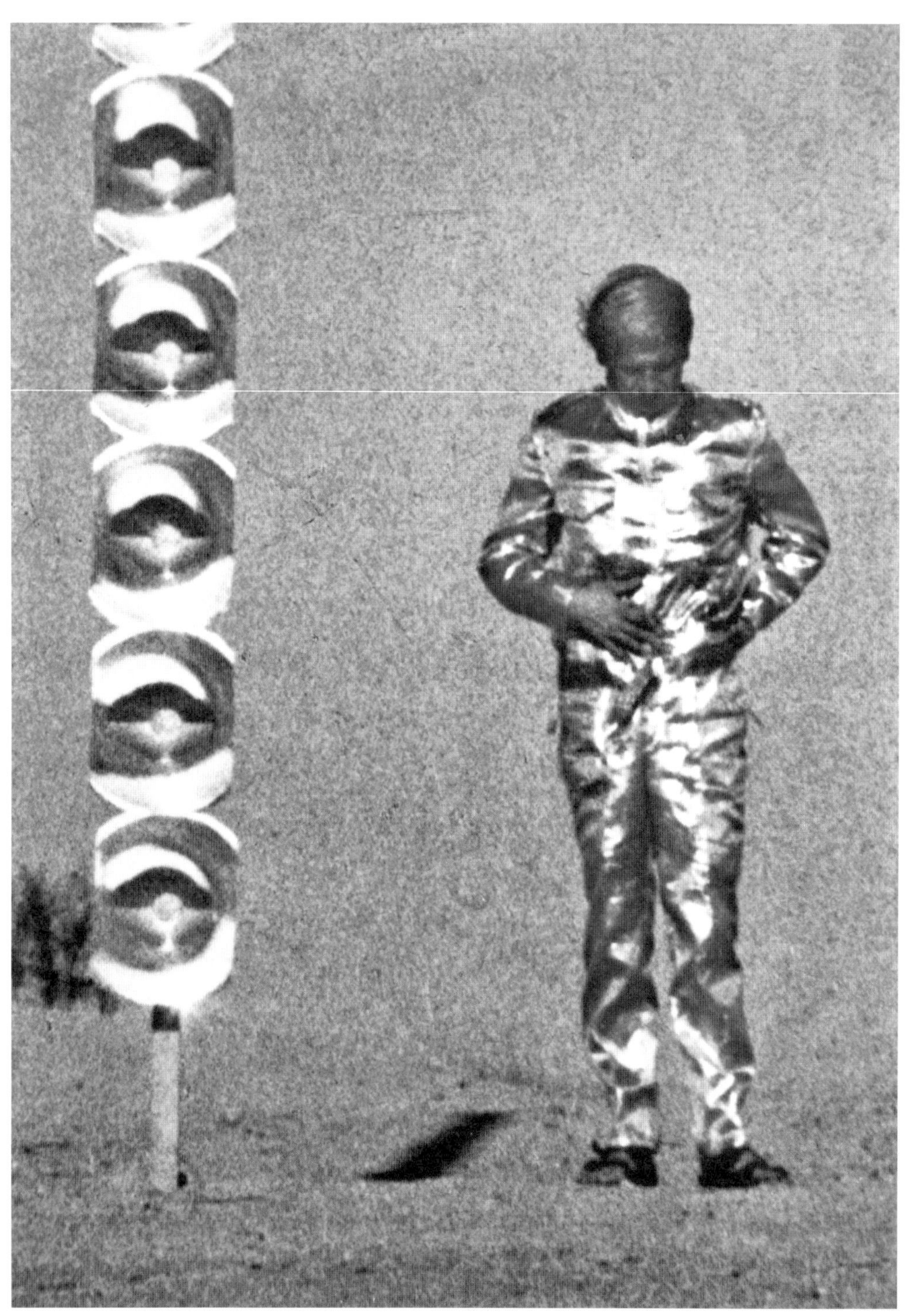

Heinz Mack mit einer Licht-Stele in der Sahara, 1968

HANS EMMERLING

Herr Emmerling, Sie haben als Kulturwissenschaftler viele Filme über Künstler und Schriftsteller gedreht. Und Sie sind der Regisseur des Filmes *Tele-Mack*, für den Sie den Grimme-Preis erhielten. Wie kam es zu der Zusammenarbeit zwischen Ihnen und Heinz Mack?

Ganz einfach. Es gab seitens der Redaktion *Kunst und Wissenschaft* beim Saarländischen Rundfunk den Vorschlag, einen Film über die ZERO-Kunst und insbesondere über Heinz Mack zu machen. Also rief ich ihn an. Und schon bald tuckerte ich mit meinem Citroen 2CV nach Mönchengladbach. Das erste Gespräch, die erste Zusammenkunft, hat im Februar 1968 stattgefunden. Im Laufe des Sommers wurde das Projekt kalkuliert und abgezeichnet. Anfang Oktober haben wir uns in einem kleinen Landgasthaus in dem Örtchen Korschenbroich einquartiert. Und jeden Morgen gingen wir zu Mack auf den Huppertzhof, um die Vorgespräche zu führen und Drehorte auszukundschaften.

Was machte Heinz Mack zu dieser Zeit?

Er arbeitete an verschiedenen Objekten, teilweise durften wir ihm zur Hand gehen. Er fertigte zum Beispiel eine große Scheibe an, die er mit Stanniolpapier beklebte – Entschuldigung, dass es so primitiv klingt, aber es war wirklich so. Und dann hat er sich einen Silberanzug angezogen und gesagt, er möchte gern mit diesem Anzug und der Scheibe durch das Wasser gehen.

Durch welches Wasser wollte er denn gehen?

In der Nähe von Mönchengladbach gab es einen Baggersee, der relativ seicht war. Mack ging hinein mit der Scheibe, die er sich auf den Rücken geschnallt hatte. Die Kamera stand am Ufer. Er bewegte sich gegen die Sonne und bückte sich immer wieder in Abstufungen, damit die Kamera die unterschiedlichen Reflexe aufnehmen konnte.

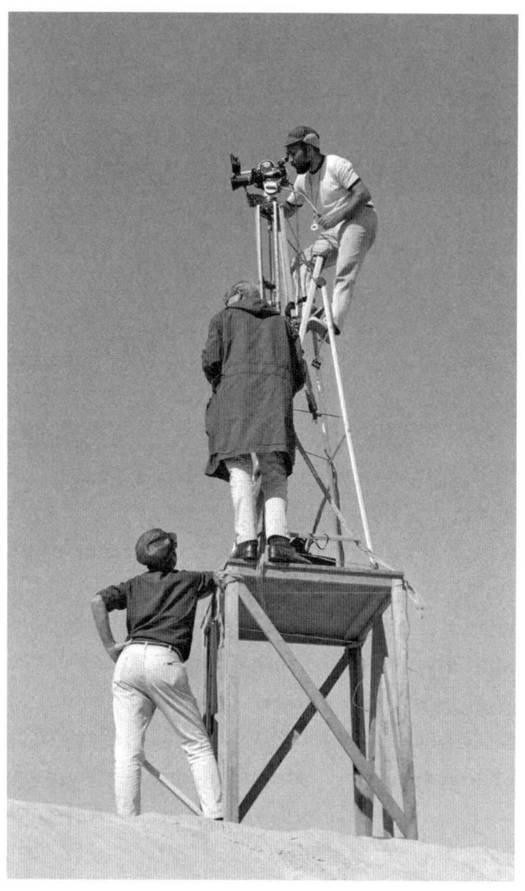

Während der Dreharbeiten zum Film *Tele-Mack* mit Emmerling, Weber, Braun, 1968

Den legendären Silberanzug hatte er sich kurz zuvor nähen lassen, trug er ihn denn auch schon bei dieser Aktion?

Ja. Deswegen nannten wir ihn den *Silber-Mack*. Der Kameramann hat immer geschrien: Reflexion, Reflexion! Und Mack bewegte sich in dem glitzernden Overall. Er wollte die Reflexionen des Lichtes augenscheinlich machen. Das war die erste Aktion, die wir für *Tele-Mack* gedreht haben. Mit mir war ein super Kameramann angereist, Edwin K. Braun, dem vieles zu verdanken ist. Zum Schluss hat Mack dann diese große Scheibe auch noch auf einen rostigen Bagger gestellt. Das war ein Signal für ihn. So ging es dann weiter.

Was war das Besondere an diesem Filmprojekt?

Wir haben erstmals keine fertigen Objekte gedreht, die irgendwo im Museum oder in einer Galerie hingen, sondern wir haben sie inszeniert. Wir waren bei der Herstellung von Objekten und Aktionen mit dabei, wir haben teilweise sogar mitgeholfen. Das war sehr spannend. Ich habe mich damals gefragt, ob man nicht das Making-of hätte filmen sollen. Aber das wollte Mack nicht. Er wollte, dass die fertigen Objekte wirken.

Was entstand noch alles im Umfeld von Mönchengladbach?

Für eine Sequenz hat sich Heinz Mack an den Flügel gesetzt und ist mit einer Kunststoffbürste auf den Saiten herumgefahren. Er sagte, das klinge jetzt wie bei Karlheinz Stockhausen. Von diesem Flügel aus gibt es eine wunderbare lange Überblendung zu einem Lichtkasten, der im Wasser steht. Diesen Kasten hatte Mack gebaut und Licht reingesetzt, das in einem bestimmten Rhythmus an- und ausging. Es war die Idee des Kameramannes, die Szene nicht im Atelier, sondern im Freien, in einem kleinen Flusslauf aufzunehmen. So haben wir den Kasten ins Wasser gestellt. Es hat tatsächlich ganz tolle Reflexionen gegeben, je nachdem, wie sich diese Lichter im An-Aus-Rhythmus im Wasser spiegelten.

Für Drehbuch und Regie des Films Tele-Mack sind Ihre beiden Namen eingetragen. Wie hat die Zusammenarbeit funktioniert?

Heinz Mack hat Inhaltliches angeboten, von allem hatte er genaue Vorstellungen. Sein Sahara-Projekt war ja schon ausgearbeitet und lag in gedruckter Form vor. Seine Ideen sprudelten nur so. Ich habe mehr oder weniger gesagt, wie wir das am Besten hinkriegen. Aber auch der Kameramann hat mitgeredet.

Das drehten Sie alles noch vor dem Wüsten-Projekt, oder?

Wir hatten ja anfangs noch keinen Auftrag, in die Sahara zu fahren. Den haben wir uns letztlich selbst erteilt. Dem Redakteur blieb irgendwann nichts anderes übrig, als es abzusegnen. Während unserer ersten Drehtage hat Mack immer wieder erzählt, wie fantastisch es sein müsste, die Arbeiten in der Sahara, in dieser unberührten Gegend, zu zeigen und aufzunehmen. Er schwärmte von dem Hell und Dunkel der Dünen und von den Sandwellen und von dem tiefblauen Himmel darüber. Dann haben

wir eines Tages in Düsseldorf im Reisebüro einfach die Überfahrten von Marseille nach Tunis gebucht.

Der 16-mm-Film läuft 45 Minuten in der Endfassung. Wie lange haben Sie insgesamt gedreht?

Ich denke, es waren knapp vier Wochen in Mönchengladbach und eine Woche in der Sahara.

Haben Sie damals verstanden, welche künstlerischen Intentionen Heinz Mack verfolgte und was ihn antrieb?

Wir haben weiter nicht gefragt, sondern wir sind seinen Vorschlägen gefolgt. Wir hielten es für eine Wahnsinns-Idee. Es war für das ganze Team eine Herausforderung, so etwas zu filmen. Jedenfalls hatte er uns angesteckt. Und es hat uns gefallen. Die Vorstellung, so etwas zu drehen, war völlig neu und beglückend.

Ihm ging es darum, in einen Raum frei von zivilisatorischen Fingerabdrücken zu gelangen in eine Art Urraum. War das auch für Sie Neuland?

Ja. Denn keiner von uns hatte je zuvor in der Sahara gearbeitet.

Wie groß war Ihr Team?

Wir waren zu sechst, Mack mit seiner damaligen Frau, der Kameramann und sein Assistent, der Beleuchter und ich. Damals gab es beim Fernsehen noch VW-Bullis als Lichtwagen. Die wurden vollgepackt mit Lampen und Material. Einen solchen haben wir ausgeräumt und mit den Objekten von Heinz Mack beladen. So fuhren wir nach Marseille.

Wie passierten Sie den Zoll?

Das war kein Problem. Wir haben kein Wort von Kunst gesagt. Den Zöllnern haben wir erklärt, dass wir einen Film über Tourismus machen. Und damit wir schönere Bilder bekämen, bräuchten wir die Reflektoren.

Für welchen Programmplatz wurde der Film produziert und wo wurde er gezeigt?

Er war für das Hauptprogramm geplant und lief damals direkt nach der Tagesschau. Außerdem wurde er auf der Biennale von Venedig gezeigt. Es war ein Kunstfilm mit und über Heinz Mack. Das kann man sich heute für das Erste Programm gar nicht mehr vorstellen. Mack wollte übrigens unbedingt einen Vorspann haben, für den er mit seinem Jaguar E-Type durch eine Großstadt fährt. Er war ja ein Autonarr! Als wir diese Szene drehten, mussten wir nachher in Düsseldorf mit ihm zusammen die neuen italienischen Sportwagen anschauen und Probe sitzen.

Was hatte das für einen Bezug zum Sahara-Projekt, dass er im Jaguar durch die Großstadtkulisse fahren wollte?

Er wollte die Elemente Bewegung und Schnelligkeit in den Film bringen, was damals genauso wichtig für seine Kunst war wie das Ur-Element Licht. So hat er jedenfalls argumentiert, wenn ich mich recht erinnere.

Wie waren diese Tage in der Wüste? Verliefen sie ohne Komplikationen?

Für uns alle war das Neuland, nur Heinz Mack war schon zuvor einmal dort gewesen. Nachts war es eiskalt, bis mittags liefen wir in Parkas herum. Dann wurde es heiß. Das Konzept sah vor, dass man sämtliche Spuren von Vorbereitung verwischt. Wenn wir etwas aufgebaut hatten, ist der Beleuchter mit einem Besen hinterhergegangen und hat unsere Fußspuren verwischt. Die großen Stelen haben wir an Ort und Stelle erst zusammengesetzt. Dazu brachten wir Holzstangen mit, auf die wir die Elemente von Mack aufsetzten.

Warum trug Mack bei den Aktionen diesen Silberanzug, den er sich in Mönchengladbach hatte nähen lassen?

Wäre er in Zivil gelaufen, wäre die ganze Illusion weg gewesen. So war er eine Erscheinung, der *Silber-Mack* eben.

Gab es andere Projekte, die Sie für *Tele-Mack* drehten?

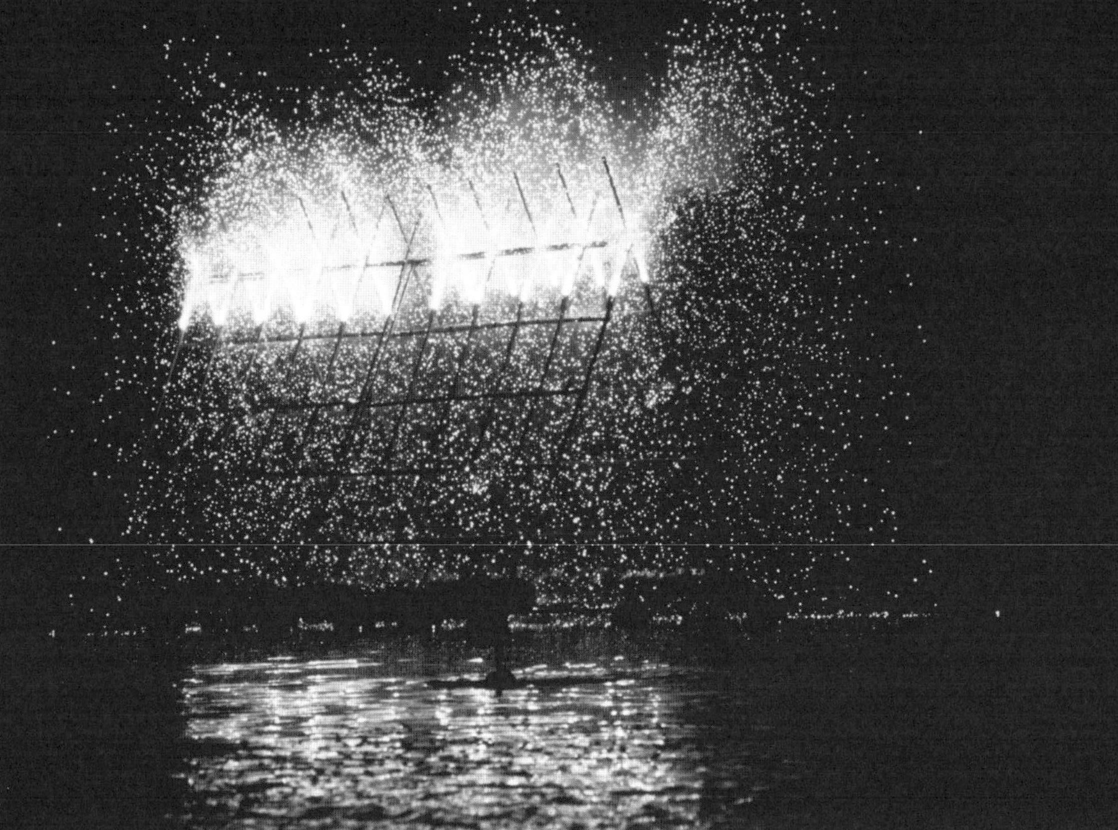

Feuerwerk in der Wüste, *Tele-Mack*, 1968

Er hatte noch in Mönchengladbach ein Feuerschiff machen wollen, dazu wurde eigens ein Floß gebaut, Latten wurden herbeigeschafft für eine Art Dachstuhl. Das »Schiff« wurde an einer Schnur rausgelassen auf das Wasser. Die Latten waren mit Feuerwerkskörpern bestückt, die wir in Wuppertal gekauft hatten. Die Idee dabei war, mit Einbruch der Dunkelheit stundenweise zu zünden. Aber es war ein feuchter Abend, und die Fernzündung funktionierte nicht. So mussten wir das Schiff wieder an Land ziehen und mit einer Fackel anzünden. Als alles brannte, haben wir es mit drei Kameras aufgenommen. Wenig später kam die Feuerwehr mit *tatütata*, weil sie dachte, es brennt ein Haus. In der Folge, vor allem in der ersten Szene in der Sahara, hatte der silberne Anzug wieder eine wichtige Funktion: Nach der Überblendung vom brennenden Feuerschiff in den tiefblauen Saharahimmel schwenkt die Kamera vom Himmel zum Boden runter. Dann kommt von rechts Heinz Mack im Silberanzug über die Dünen ins Bild und hält dabei über sich eine zehn Meter lange Aluminiumfahne hoch. Das war der erste Eindruck von der Wüste. Damit hatte er die Sahara für sich und seine Kunst eingenommen.

Wenn Sie den Film *Tele-Mack* heute noch einmal ansehen, wie kommt er Ihnen dann vor?

Vor ein paar Monaten hab ich ihn noch mal angeguckt, ich muss gestehen, mein Text war spärlich. Und dann hatten wir das Problem mit der Musik. Wir hatten keinen Ton-Mann dabei. Mack wollte seine Objekte, Bilder und Aktionen nicht kommentieren. Wir hatten also keine Originaltöne. Wir mussten überlegen, was wir akustisch unterlegen könnten. Aufnahmen von der Sahara gibt es nicht, da hören Sie so gut wie nichts. Die Kunstobjekte selbst machen kein Geräusch, das Licht ist auch stumm. Die Musik, die dazu entstanden ist, der Komponist war Heinrich Konjetzny, sollte die Bilder »wahrmachen«. So sagte es einmal der Komponist Peer Raben über die Funktion von Filmmusik.

Mack wollte die Wüste in 13 Etappen erobern, er wollte mit Stelen, Spiegelmauern, Segeln, Sandreliefs und künstlichen Gärten ein zeitlich begrenztes Reservat der freien Kunst erschaffen. Ihr Film hat dies dokumentiert. Ist er diesem hohen Anspruch gerecht geworden?

Er ist optisch immer noch faszinierend. Und er ist ein Stück Kunstgeschichte. So wurde er damals auch begeistert aufgenommen. In Venedig bekamen wir ein großes positives Echo und spontan einen Preis. Das war die Zeit der beginnenden Land-Art, aber Mack wollte nicht, dass sein Sahara-Projekt in Verbindung mit Land-Art gebracht wird.

Wie bewerten Sie aus heutiger Sicht das Filmprojekt Tele-Mack, das ja vor allem ein avantgardistisches Ausstellungsprojekt war?

Für Heinz Mack war es weit mehr als ein Erlebnis. Der Film dokumentiert einen wichtigen Abschnitt seines künstlerischen Weges. Und er dokumentiert, dass seine Ideen, vor allem die vom Sahara-Projekt, realisierbar waren. Das konnte er sich vorher ja nicht vorstellen. Die Idee, dass seine Kunstwerke in einem solchen Raum, in der Wüste, bestehen, ging glücklich auf. Und der Film dokumentiert, dass es nicht vermessen war, sondern wunderbar, in die Sahara aufzubrechen. Irgendwann kam jemand auf einem Maulesel angeritten und hat uns zugeguckt, links und rechts neben den Ohren des Mulis hingen Taschen voll mit Datteln. Davon gab

der Mann jedem von uns eine Handvoll. Ein oder zwei Tage später kam ein Auto über die Piste angefahren. Ein Mann stieg aus und hat uns fotografiert. Dann kehrte er wortlos um und fuhr wieder weg. Jahre später habe ich einen Film gemacht über den Schriftsteller des Nouveau Roman, Alain Robbe-Grillet in Paris, der selber auch Filme machte. Wir beide kamen ins Gespräch. Auf ein Stichwort hin erzählte er mir, er sei vor Jahrzehnten einmal in die Wüste gefahren und habe ein Team vom deutschen Fernsehen beobachtet. Die hätten mitten in der Sahara Science-Fiction gedreht. Das habe er fotografiert. Sie können sich denken, wen er meinte? Und ich habe ihm gesagt, dass wir das waren, dass das kein Science-Fiction-Dreh war, sondern eine Kunstaktion!

Sie und Heinz Mack sind fast gleich alt. Stehen Sie heute noch in Verbindung?

Wir hatten uns jahrelang nicht gesehen. Früher schrieb er mir jedes Jahr seine künstlerischen Weihnachtskarten, die so wundervoll sind. Als wir uns vor längerer Zeit einmal trafen, schlug er mir ein neues Filmprojekt vor mit dem Thema *Die Wanderung des Lichts*, aber ohne jede Chance auf Realisierung. 2000 trafen wir uns dann zuletzt anlässlich einer Max-Ernst-Ausstellung in Düsseldorf. Wir haben uns sehr gefreut über das Wiedersehen. Wenn man so etwas wie das Sahara-Projekt zusammen gemacht und erlebt hat, bleibt eine tiefe Verbindung und das Interesse füreinander lebendig. Wie geht es Heinz Mack eigentlich?

Ich habe den Eindruck, es geht ihm sehr gut.

Aber er läuft doch nicht mehr im Silberanzug herum, oder?

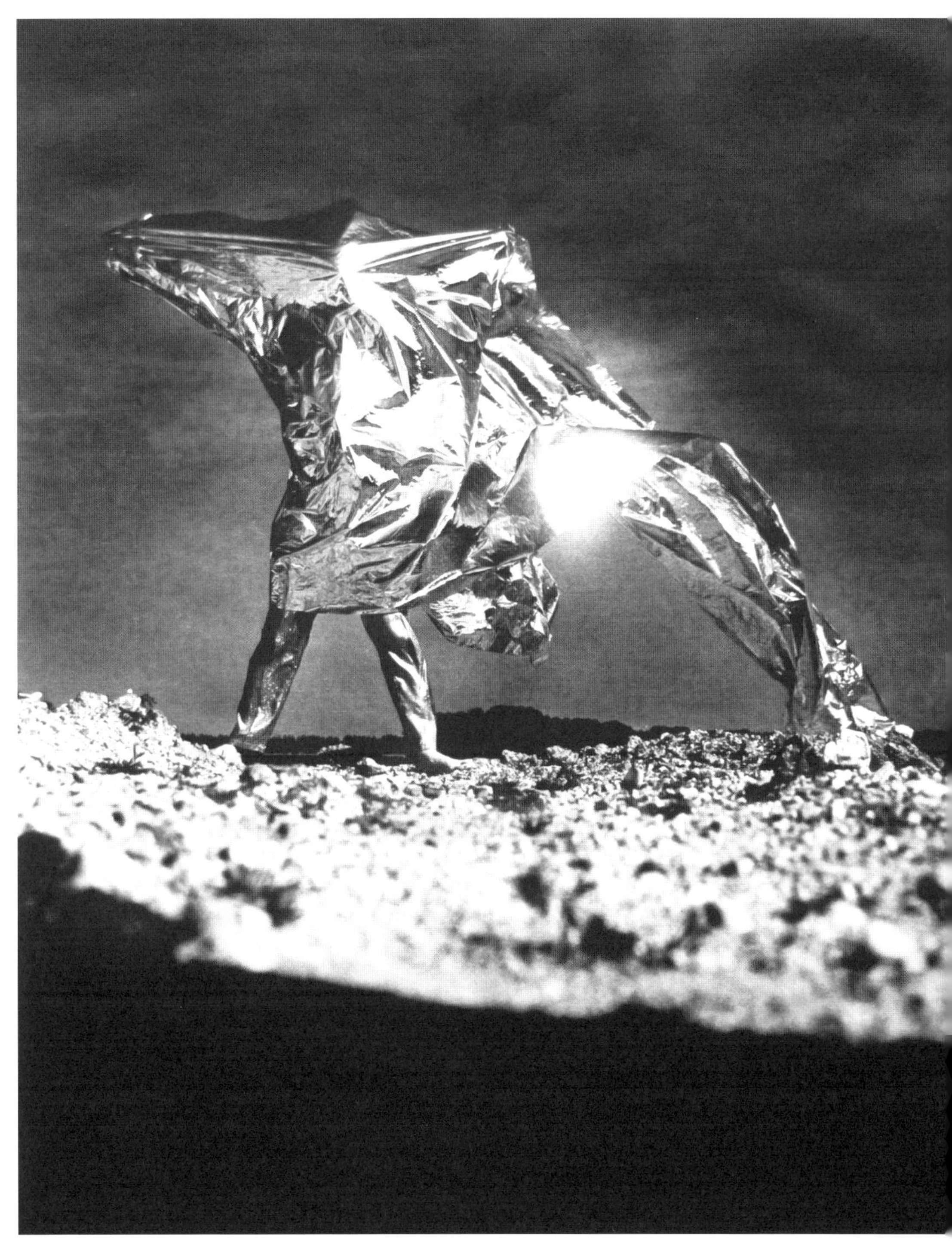

Der Künstler und seine Fahne, um 1971

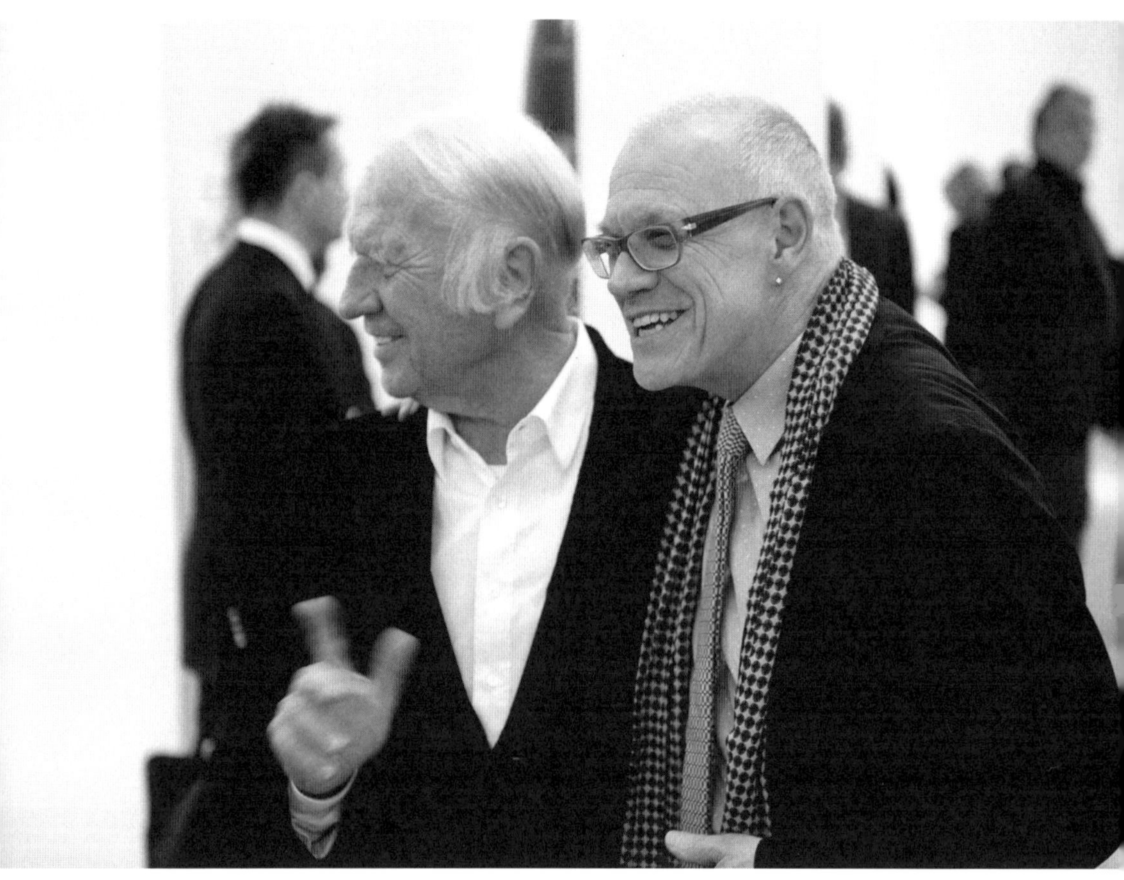

Heinz Mack mit Beat Wismer, 20

BEAT WISMER

Herr Wismer, in Ihrem Haus, dem Museum Kunstpalast, zeigten Sie 2011 das zeichnerische Werk von Heinz Mack. Wie wichtig ist in Ihren Augen die Zeichnung im Gesamtwerk des Künstlers?

Wenn man über das Werk von Heinz Mack spricht, wird man vielleicht nicht als erstes seine Arbeiten auf Papier nennen. Aber was wir bei vielen wichtigen Künstlern beobachten können, gilt auch in diesem Fall: Es findet sich viel von dem, was für dieses Schaffen essentiell und substanziell ist, auch im bescheideneren und unprätentiöseren Medium der Zeichnung. Da gibt es von den ganz frühen, äußerst reduzierten Schwarz-Weiß-Zeichnungen der 1950er Jahre bis in die heutige Zeit hinein ein beeindruckendes Kontinuum. Über die Zeichnung eröffnet sich einem ein ganz direkter, intimer Zugang zum Werk von Heinz Mack, aber auch zur Haltung des Künstlers. In wunderbarer Direktheit: Alles fließt vom Auge in die Hand auf das Papier – da ist kein Material dazwischen, kein Metall, kein Motor. Man kann Mack sozusagen über die Schulter gucken, wie er arbeitet.

Schon früh aber trat auch die Farbe in sein Werk.

Ja, erstaunlich früh. Angesichts der frühen, radikalen Schwarz-Weiß-Zeichnungen könnte der Auftritt der strahlenden Farbigkeit bereits ab den frühen 1960er Jahren, also schon in der ZERO-Zeit, tatsächlich überraschen. Einerseits lässt sich der Einsatz der Farbe aber als logische Konsequenz aus der Beschäftigung des ZERO-Künstlers mit dem Licht erklären, anderseits steht sie für einen anderen charakteristischen Teil von Mack, ob wir diesen nun üppig oder barock oder einfach vital nennen. Es spricht auch für die gelassene Seite von Mack, die sich mit zunehmendem Alter immer ausgeprägter zeigt: Er ist nicht mehr der radikale Draufgänger, auch wenn er der noch sein kann. Er lässt Farbe und Farbigkeit souverän zu und er beginnt Henri Matisse als Künstler hoch zu schätzen.

Glauben Sie, dass Matisse Mack zum Malen inspiriert hat?

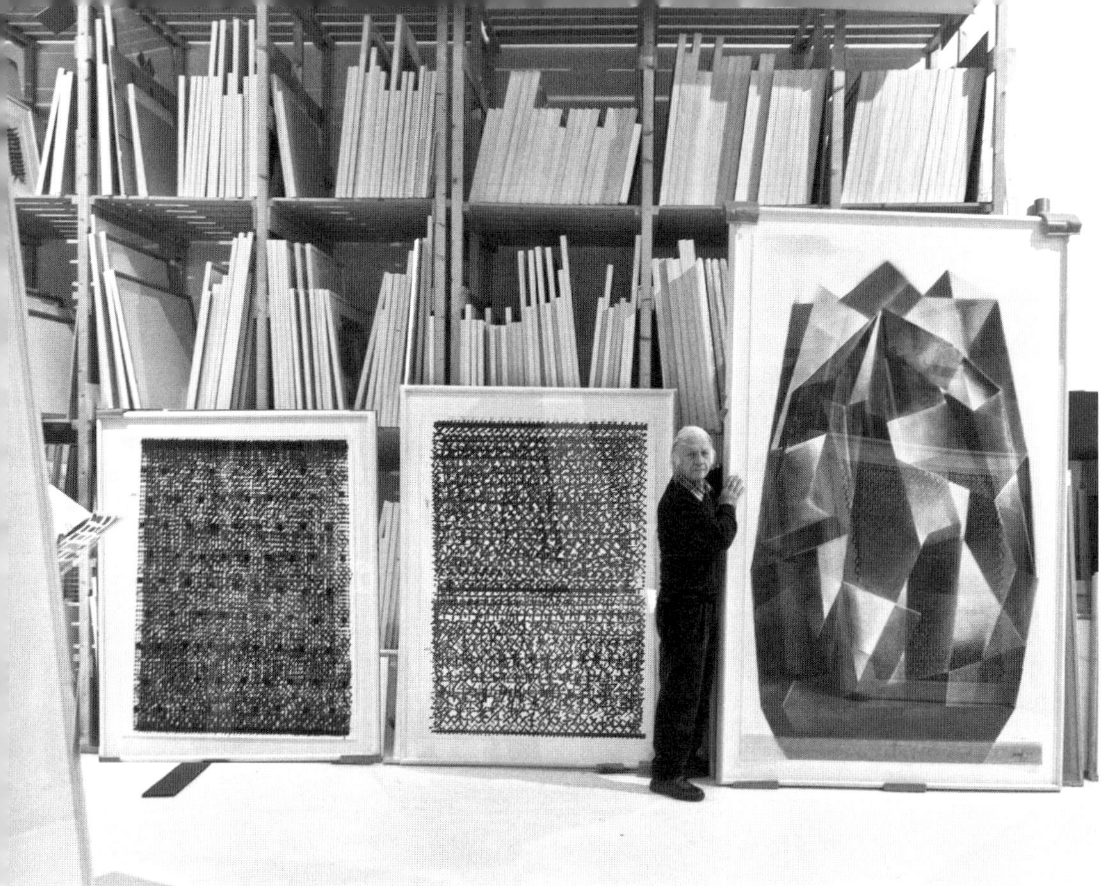

Heinz Mack im Atelier, 2010

Das weiß ich nicht, da könnte ich nur spekulieren. Aber vielleicht ist es aufschlussreich, wenn ich hier von meiner ganz persönlichen Erfahrung berichte. Als junger Mensch hatte ich einen sehr engagierten, am liebsten gar gesellschaftspolitischen Anspruch an die Kunst. Logischerweise konnte ich da mit Matisse nur wenig anfangen. Das war für mich tatsächlich so etwas wie Kunst für den Lehnstuhl. Diese Haltung war ja für unsere Generation nicht ungewöhnlich. Irgendwann realisierte man dann aber, dass auch radikale Moderne, sei es ein Piet Mondrian oder eine Bridget Riley oder eben auch Heinz Mack, die Leichtigkeit der Malerei von Matisse bewundert haben und man fragte sich, wieso das so ist. Ich glaube, es braucht eine gewisse Reife, um das verstehen zu können: wie schwierig gerade das angeblich Einfache ist. Die Maler beneideten Matisse um diese große Souveränität, um dieses Zulassen des Unverkrampften, das auf einer immensen Erfahrung beruht. Wie gesagt, ich weiß nicht, wie es bei Mack war, aber vielleicht hat tatsächlich ein Matisse-Erlebnis ihm den unverkrampften Zugang zur Farbe erlaubt.

Wenn Sie Heinz Mack einmal festlegen würden als Künstler, ist er dann vor allem Lichtkünstler?

Ich möchte ihn eigentlich nicht festlegen. Klar ist, dass er mit Otto Piene 1957 ZERO gründete; dadurch ist ihm eine wichtige Position in der deutschen und internationalen Nachkriegs-Kunstgeschichte sicher. Die ZERO-Bewegung war aber mit der Dauer von nicht einmal zehn Jahren relativ kurzlebig. Wie bei den anderen Protagonisten folgte ab 1966 auch bei Mack ein halbes Jahrhundert individuellen Nach-ZERO-Künstlertums, und da ist er mit seiner Neugier und der daraus resultierenden Vielfältigkeit seines Schaffens nicht mehr so einfach fassbar.

Sie haben, etwas überraschend, Matisse erwähnt: Welche kunsthistorischen Bezüge schwingen sonst noch in seinem Werk mit?

Sehr überraschend für mich war, dass Heinz Mack eine seiner ersten Ausstellungen unter dem Titel *Hommage à Georges de la Tour* präsentierte. Das war 1960, also während der ZERO-Zeit. Dass ein gerade mal 30-jähriger Künstler in dem Moment, da eben die äußerst schmerzhafte Erfahrung gemacht worden war, dass die europäische Hochkultur die große Katastrophe nicht verhindern konnte, mit seinen Kollegen explizit bei

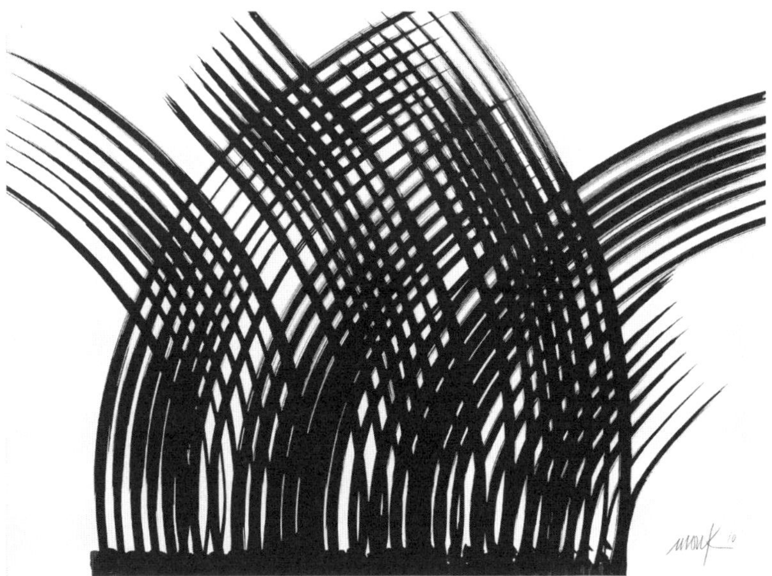

Ohne Titel, 2010

null wieder neu anfangen wollte, und dass dieser junge deutsche Künstler Heinz Mack seine Ausstellung einem französischen Barockmaler widmete, der relativ wenig bekannt ist, finde ich schon mehr als beachtenswert. Bei aller Null- und Neuanfang-Behauptung: Kein Künstler kann bei null anfangen. Heinz Mack wusste und kannte viel. Und so erklärt sich auch, da Licht von Anfang an sein Thema war, seine Würdigung des 17.-Jahrhundert-Malers, der seinerzeit schon diese heftigen Licht- und Schattenbilder gemalt hat. Wenn Mack so eine Hommage deklariert, dann ist es einerseits eine Würdigung, andererseits aber ist schon der junge rebelli-

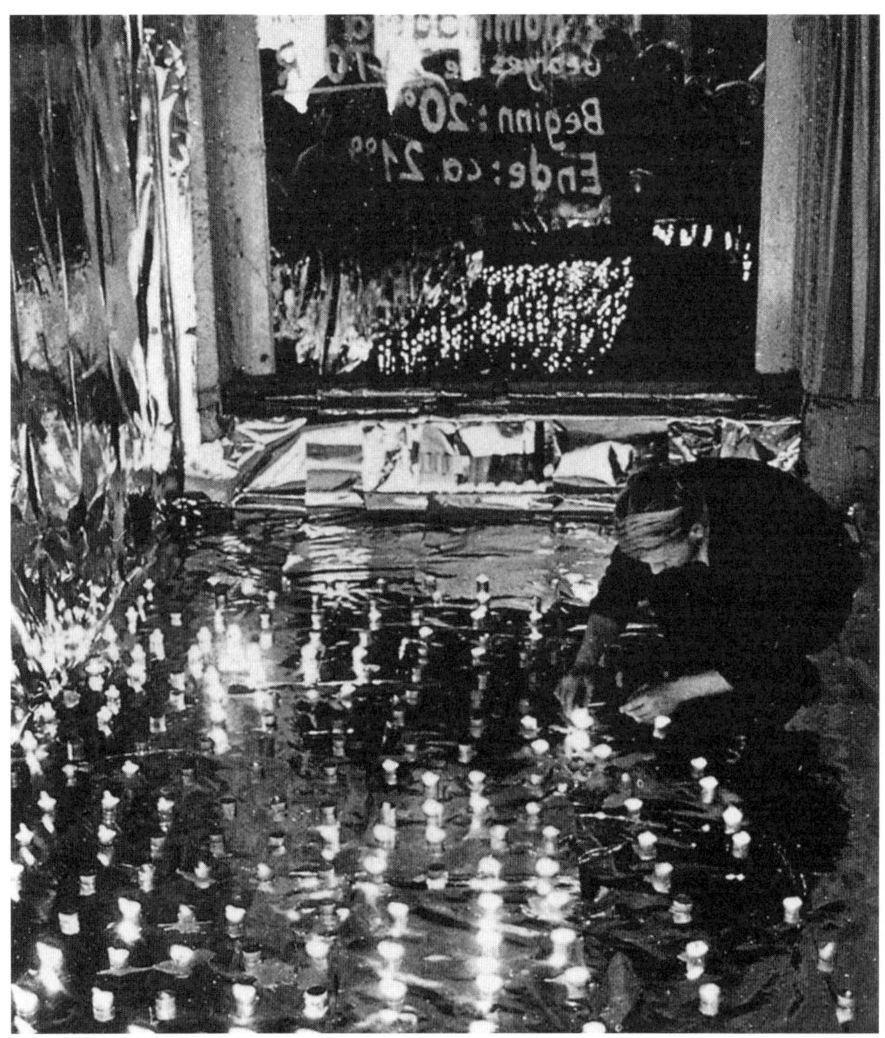

Hommages à Georges de la Tour, 1965

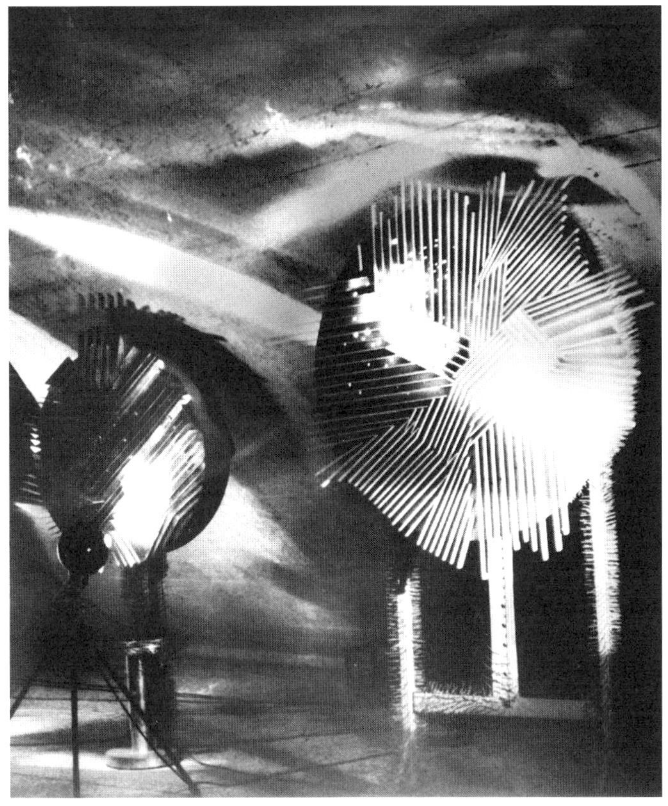

ZERO-Lichtraum *Hommage á Fontana*, documenta III, 1964

sche Künstler selbstbewusst genug, sich in einer Reihe mit Meistern aus der Kunstgeschichte zu sehen.

Aber zurück zu den Zeitgenossen von Matisse, zur klassischen Moderne. Der berühmte ZERO-Lichtraum, den Mack, Piene und Uecker 1964 unter dem Titel *Hommage à Lucio Fontana* als Gemeinschaftswerk auf der »documenta« ausstellten und der sich heute in unserer Sammlung befindet, wäre zum Beispiel ohne den *Licht-Raum-Modulator* von Moholy-Nagy von 1930 nicht denkbar gewesen. Das mindert nicht den Wert dieses ZERO-Hauptwerkes. Ich sehe das vielmehr als eine Wiederaufnahme der Klassischen Moderne, die ja durch die Nazis abgewehrt worden war. Es war ein Versuch, der verhinderten, abgewürgten Moderne zu ihrem Recht zu verhelfen. An dieser Bruchstelle setzten Mack und seine Mitstreiter wieder an. Auch Piet Mondrian und Kasimir Malewitsch waren wichtig für Mack. Die Farbe Weiß und das Aufgehen der Kunst in der Umwelt waren

Berührungspunkte. Es gab auch eine Hommage an Max Bill, an einen Zeitgenossen, der sich sehr stark für die Umwelt eingesetzt hat, der politisch engagiert war, der sehr viel Kunst im öffentlichen Raum gemacht hat und der, wie Mack, eine Art Universalist war. Und dann gab es natürlich noch den Bildhauer Constantin Brâncuşi. Sein Modell der *Unendlichen Säule* ist für Mack ganz wichtig. Man weiß es von ihm selber, weil er davon spricht, dass Jean Tinguely ihm das Atelier von Brâncuşi eröffnet hat.

Ist es absolut richtig, bei diesem ZERO-Künstler von seiner Auseinandersetzung mit anderen, also auch früheren Künstlern zu sprechen?

Ja. Und auch dies ist unbedingt zu erwähnen: Mack war als noch nicht 20-Jähriger schon in Paris. Er muss unglaublich neugierig gewesen sein, er wollte sehen, was läuft da, was haben wir verpasst. Dazu brauchte es auch Mut, waren die Deutschen direkt nach dem Krieg ja nicht nur willkommen oder gern gesehen in Frankreich. International betrachtet waren die ZERO-Künstler wie auch Joseph Beuys mit dem Makel versehen, noch vor dem Krieg geboren zu sein. Daher hatten sie es auf dem internationalen Parkett auch schwer. Das waren noch Deutsche ohne die Gnade der späten Geburt. Sie mussten sich international anders durchsetzen.

Wie war Ihr Blick als junger Schweizer Kunsthistoriker auf die ZERO-Kunst und auf Heinz Mack?

Als ich begann, mich für Kunst zu interessieren, war ZERO ganz weit weg. Es hatte mich als zeitgenössische Kunst nicht besonders interessiert. Erst durch meine kunstwissenschaftliche und philosophische Beschäftigung mit ästhetischer Utopie wurde plötzlich mein Interesse geweckt, weil die Künstler, die in die Umwelt eingriffen, noch einen Beitrag für eine bessere Welt liefern wollten. Dann war es für mich seit meiner Tätigkeit in Deutschland sehr interessant, weil ich realisiert habe, dass über ZERO die deutsche Kunst wieder den Anschluss an die internationale Kunstentwicklung gefunden hatte. Kurz vorher, teilweise überlappend, gab es die informelle Bewegung, aber das war eigentlich in erster Linie eine französische und amerikanische Angelegenheit. Mit ZERO entstand ein sehr originärer deutscher Beitrag, der international vernetzt war. Neben der utopischen Dimension, der Intention der Weltumgestaltung, interessiert

Licht-Relief, 1963

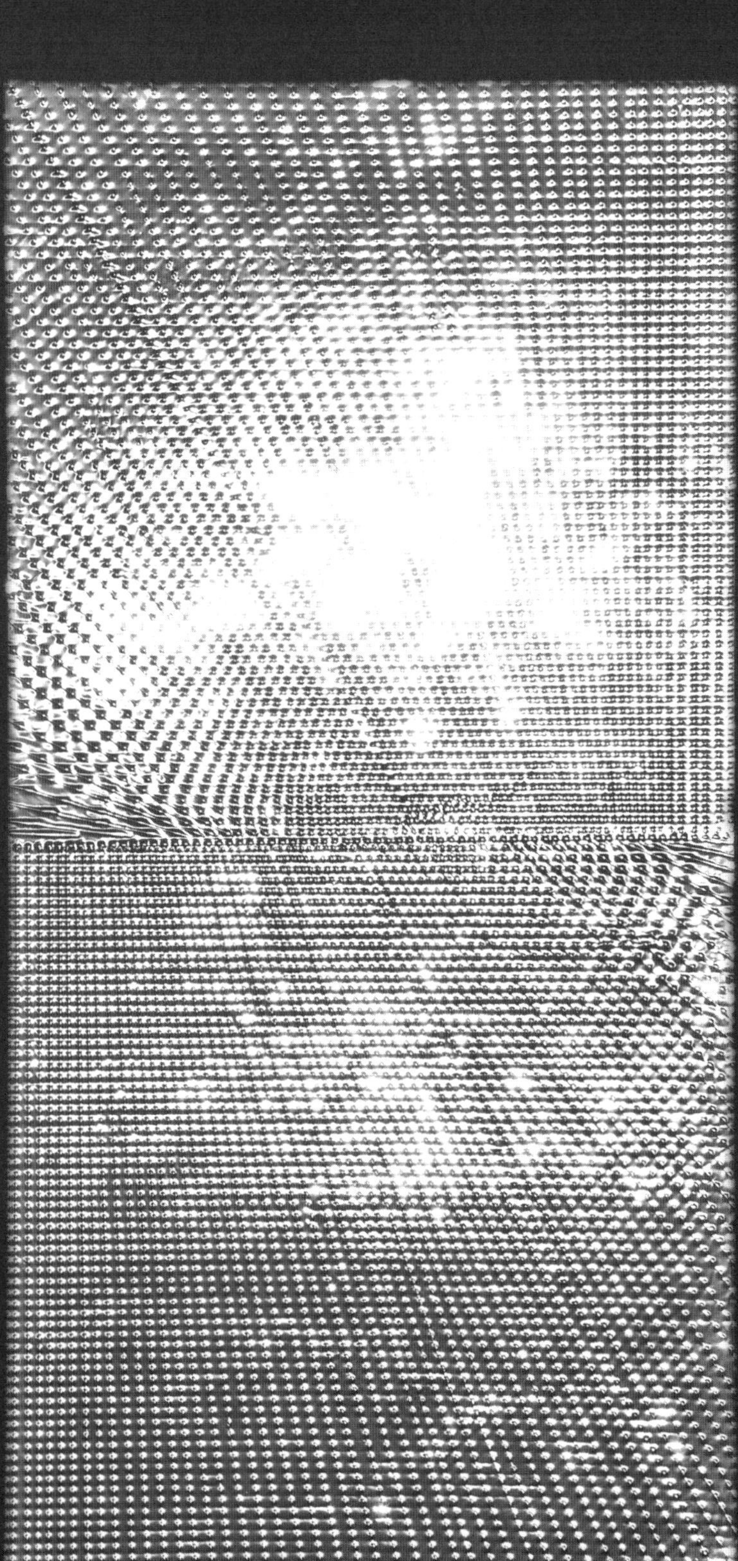

mich auch die Bezugnahme auf asiatische Kunst und Lebensphilosophie. ZERO hat viel mit Stille und, ob bewusst oder unbewusst, sehr viel mit Zen-Buddhismus zu tun.

Doch Mack war auch Aktionskünstler, Performer, gewissermaßen Land-Art-Pionier. Und er hat die erste Ausstellung außerhalb eines Museums gemacht, indem er damals in die Wüste gezogen ist, seine Lichtuntersuchungen dort im absoluten Raum durchgeführt hat. Das Sahara-Projekt war außerdem die erste Ausstellung, die nur im Film existiert.

Sie haben recht: Er ist all dies, ein Aktionskünstler und auch ein Land Artist. Seine Aktionen waren sehr wichtig für die ZERO-Zeit. Man plante den Ausstieg aus dem Bild. Heinz Mack ist auch ein sehr sensibler Bildhauer, der sehr intensiv auf das Material hört. Er ist eine Art Universalist. Er ist auch an der Architektur interessiert, er ist Zeichner, Umweltgestalter, und alles basiert auf fundierten philosophischen Überlegungen, die implizit in seinem Werk gut aufgehoben sind. Und er hat keine Berührungsängste vor künstlerischen Erzeugnissen, die auch einfach gefallen dürfen. Das könnte irritieren, mich fasziniert es indes. Er schafft monumentale Arbeiten, Installationen in der Wüste, mit himmelsstürmender Ambition, aber er ist sich auch nicht zu schade, mit einer Skulptur eine verunglückte architektonische Situation im Stadtraum zu kaschieren oder gar einen Grabstein zu hauen. Derart ist sein Engagement neben der freien Kunst: von der quasi utopischen Welt-Umgestaltung bis hin zur dem Gemeinwohl dienenden Umweltgestaltung.

ZERO währte als Zusammenschluss nur neun Jahre. Heute, ein halbes Jahrhundert später, erleben wir eine Renaissance. Gibt es noch vieles aufzuarbeiten?

Ich glaube, ZERO war ein eminent wichtiger historischer Beitrag, ein entschlossener Auftritt in einem entscheidenden historischen Moment. Die Künstler haben sich danach individualisiert. 2006 gab es die große ZERO-Ausstellung im Museum Kunstpalast, die ganz wichtig für die Wiederentdeckung war. Sie war eine Art Kick-Off-Veranstaltung, wie man heute sagen würde, zur neuen Aufmerksamkeit, die zur großen Schau im Guggenheim Museum, danach Berlin und Amsterdam, geführt hat. Die Forschung

hat in der Zwischenzeit vieles zutage gefördert, die wichtigen Ausstellungen werden neue Fragen stellen. Es gibt eine ganz reizvolle Frage, jene nach den utopischen Vorstellungen einer vergangenen Epoche. Da ist dieser ZERO-Raum, der heute, 50 Jahre nach seiner Entstehung, einen ungemeinen Charme ausstrahlt, den Charme von etwas beinahe Gebasteltem. Das hat noch nicht die Professionalität, die man heute bei einer Lichtinstallation erwarten würde. Alles ist noch analog. Und dennoch ist es ein Werk, dem man sich nicht entziehen kann.

Die Wiederentdeckung profitiert vielleicht auch davon, dass eine jüngere Generation sich wieder für eine Kunst interessiert, die ein Engagement für die Welt und Umwelt propagiert. Unter solchem Aspekt ist ZERO erneut attraktiv. Das freut mich sehr. Leider ist Otto Piene vergangenes Jahr gestorben, aber die Künstler haben vor über 50 Jahren eine historische Leistung erbracht und können diesen Ruhm heute noch erleben. Piene hat kurz vor seinem Tod in Berlin noch seinen ganz großen Auftritt gehabt. Er hat am Abend der Vernissage gesagt: »Es ist die Realisierung eines großen Traumes.«

Wie viel ZERO steckt noch in Heinz Macks aktuellem Werk?

Das Licht ist immer noch essentiell. Die Struktur, die Reliefs, die sich mit jeder Änderung des Betrachterstandpunktes und jedem neuen Lichteinfall verwandeln und neu ordnen, so dass letztlich nichts fassbar ist. Alles sieht immer wieder anders aus. Du stehst vor einer Blechwand, die sich permanent verändert. Alles fließt. Ich glaube, das ist es, was bleibt. Gewiss, er ist nicht der Einzige, der so gearbeitet hat, schließlich war er ja auch der Gründer einer Gruppe und einer Bewegung. Aber er hat eine eigene Lösung gefunden. Das ist das Interessante. Es ist ein verzweigtes Werk mit ganz vielen Werkgruppen, mit verschiedenen Gattungen, die sich zum Teil sehr stark unterscheiden. Aber es ist immer unverwechselbar Mack.

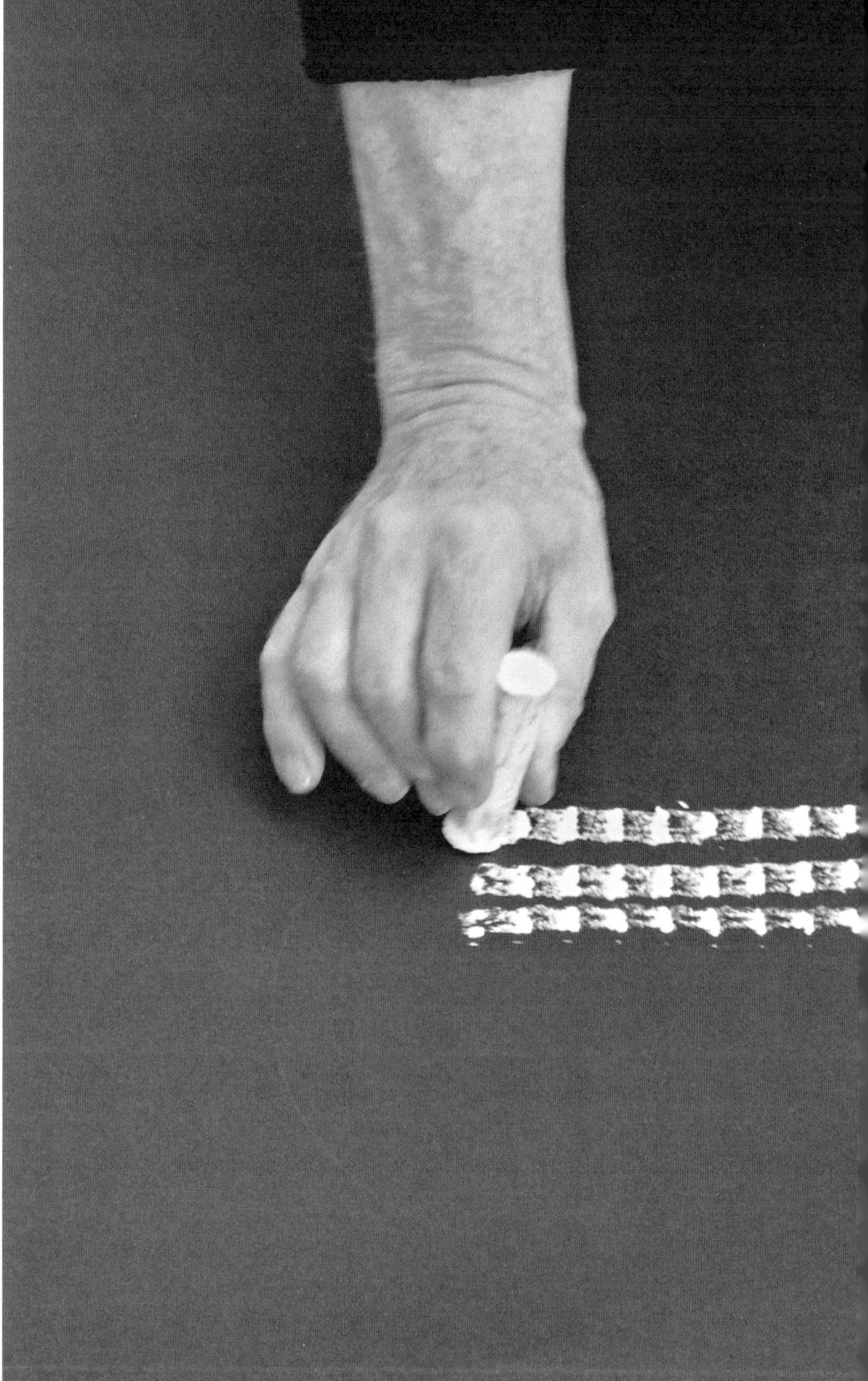

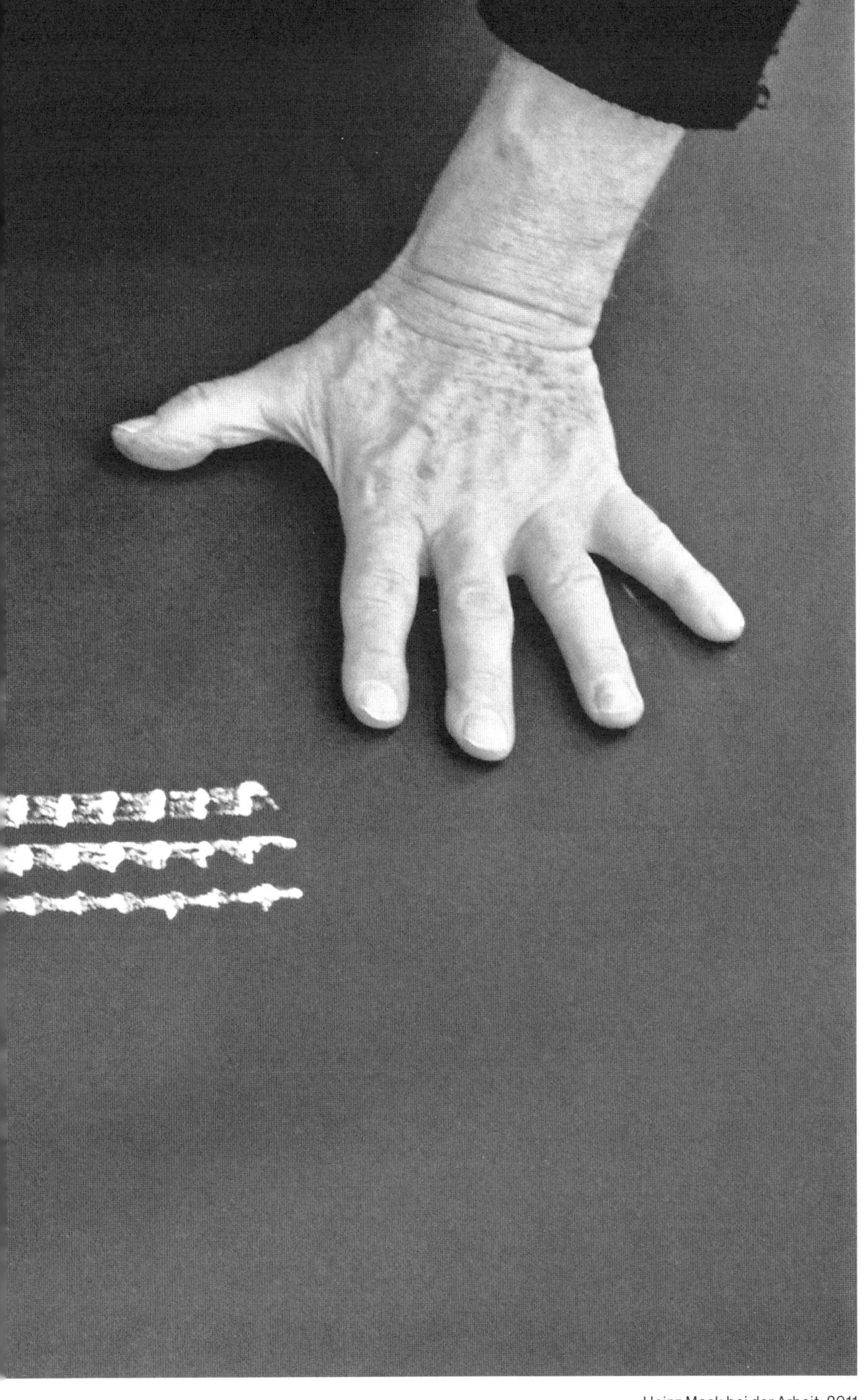

Heinz Mack bei der Arbeit, 2011

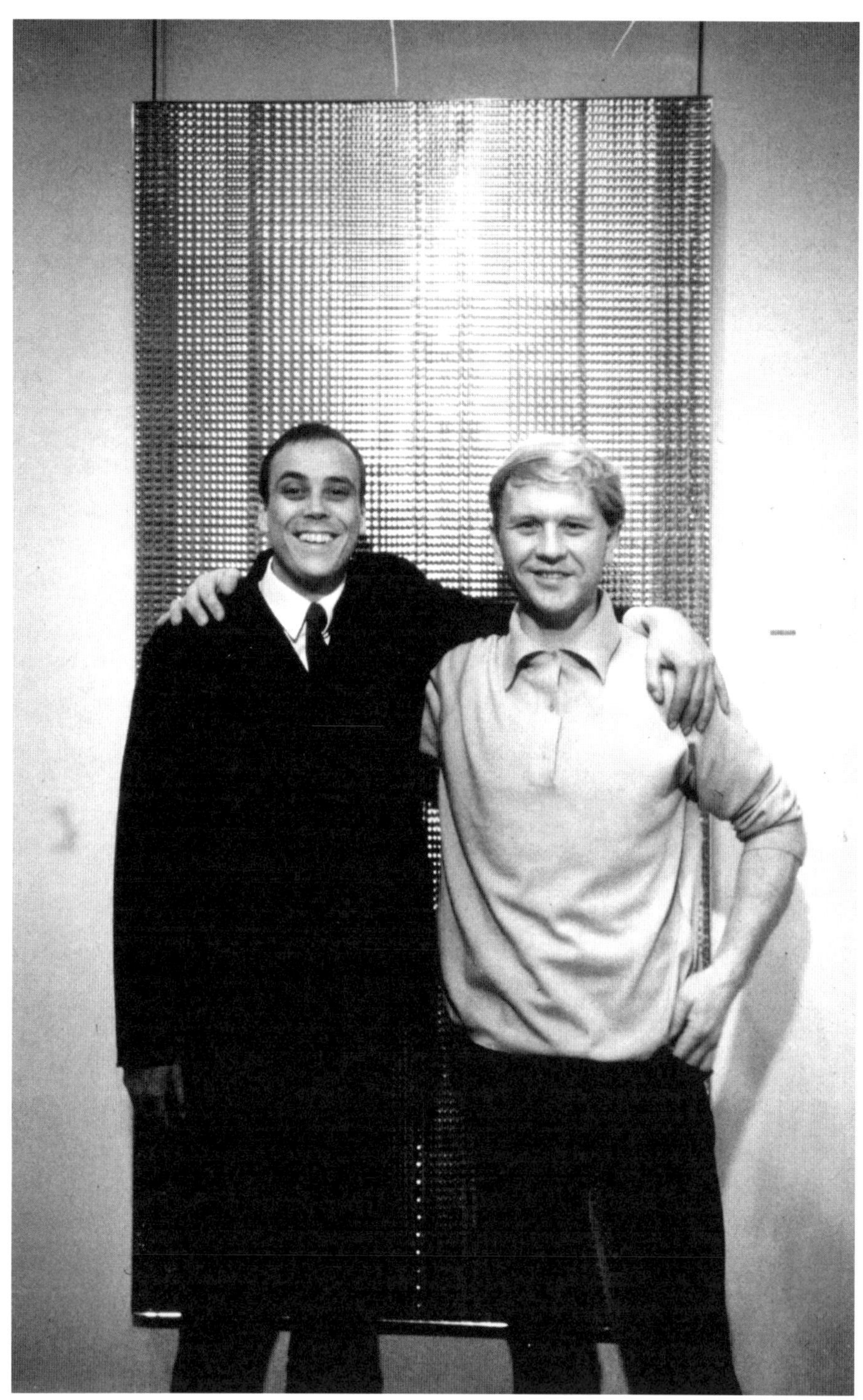

Günther Uecker und Heinz Mack in New York, 1966

GÜNTHER UECKER

September 014

Lieber Heinz unvergessen
unser Zusammentreffen
am Luegplatz in
Düsseldorf, wo Du mich
zur Abendausstellung
„Das rote Bild" 1958
eingeladen hast.
Du kamst über den Platz
in Oberkassel, gingst
auf mich zu und
fordertest mich
auf mitzumachen.
Dies hat dann später
zu einer intensiven
freundschaftlichen Nähe
in der Zusammenarbeit
bei Transporten und
Aufbau der Zero Ausstellungen
geführt.
Zu intensiven Begegnungen
im Gespräch mit Otto,

zur gedanklichen und
praktischen Zusammenarbeit
in den dann folgenden
umfangreichen Ausstellungen
und Eröffnungsaktivitäten
Deine Leidenschaft mit dem
Auto zu fahren, konnte
ich als aufmerksamer
Beifahrer miterleben
oft abenteuerlich Tag und
Nacht, unter auch angstvollen
Wetterbedingungen; ich
denke da an eine Nebelnacht
in Belgien, wo wir uns auf
ein Feld verirrten.
Immer von der Eile bestimmt
rechtzeitig den Aufbau der
Ausstellungen zur Eröffnung
fertig zu stellen.
Auch beglückt, eine gelungene
Zero Vision vor die Augen
der Besucher geführt zu haben.

Lieber Heinz, Dir wünsche
ich gute Arbeit und
Freude an der Kunst, auch
gutes Gelingen, in
Freundschaft Dein
Günther Uecker.

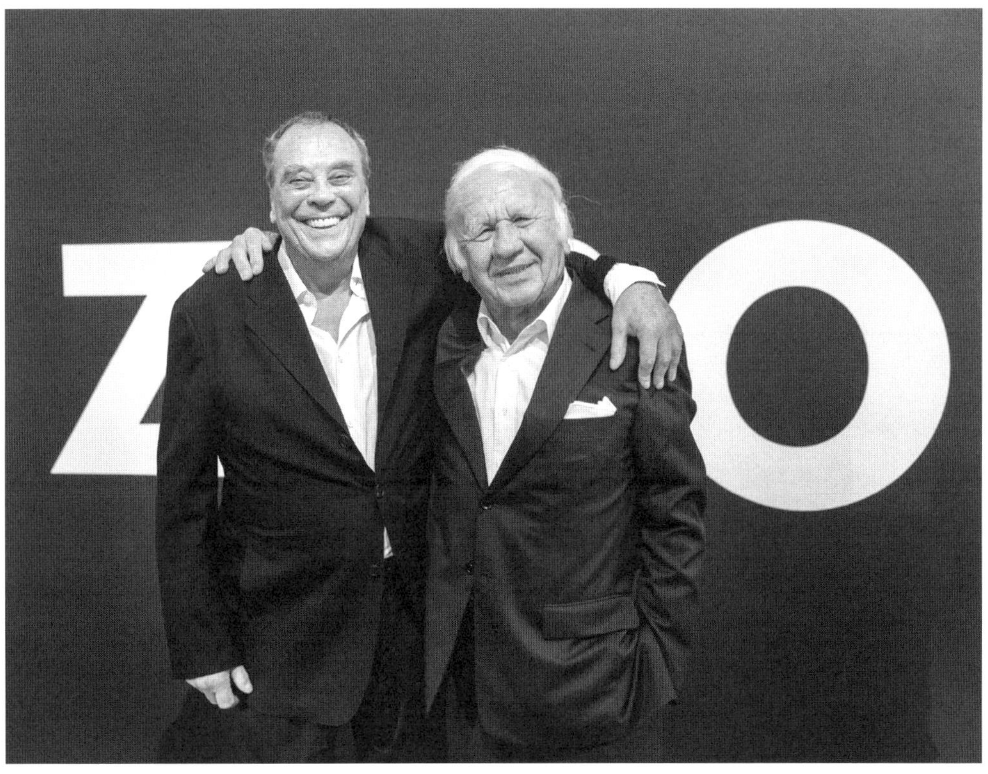

Günther Uecker und Heinz Mack, Solomon R. Guggenheim Museum New York, 2014

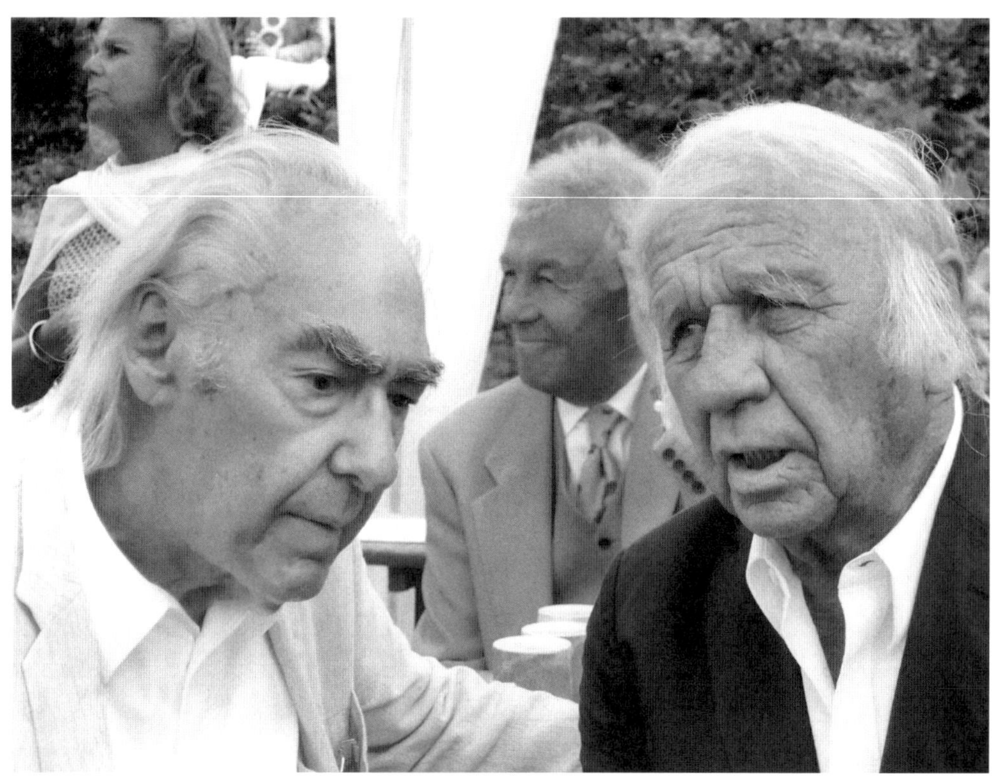

Willi Kemp und Heinz Mack im Gespräch, 2014

WILLI KEMP

Herr Kemp, Sie sind mit Heinz Mack zweifach verbunden, als Sammler und als sein früherer Steuerberater. Wie haben Sie den Künstler kennengelernt?

Ich kannte Abbildungen seiner Werke aus Kunstzeitschriften. Die ersten Bilder von ihm habe ich in der Galerie von Alfred Schmela gesehen. Das muss um 1965 gewesen sein. Ich hatte mich bis dahin für das deutsche Informel interessiert und Kontakte zu Künstlern wie Carl Buchheister, Bernard Schultze, K. O. Götz, Gerhard Hoehme, Winfred Gaul und Peter Brüning aufgebaut.

ZERO hatte das Informel bekämpft.

Ja, so war es. Die ZERO-Künstler warfen den Informellen vor, in der traditionellen Malerei verhaftet geblieben zu sein. Ich war in den frühen 1960er Jahren lange und intensiv mit dem Informel verbunden, so dass ich ZERO zur Entstehungs- und in seiner Kernzeit nicht kennengelernt hatte.

Aber kurz danach sahen Sie dann diese Künstler bei Schmela. Was kam Ihnen als erstes in den Sinn?

Das waren Gegenwelten zum Tachismus. 1960 war das deutsche Informel tot, ab 1964 »mausetot«. ZERO wurde ab 1957 als Gegenposition diskutiert. Diese Auseinandersetzung zwischen zwei Kunstrichtungen, die beide behaupteten, unsere damalige Zeit zu repräsentieren, hat mich interessiert. Die Protagonisten von ZERO hatten sich vom Begriff der Komposition verabschiedet. Jetzt sprach man von Strukturen oder von Ordnungen ohne Form. Aber auch das begann bereits bei den Informellen, deren Name sich ja vom Non-Formalen ableitet. Die von mir vorhin genannten informellen Künstler sprachen von der nicht-hierarchischen Komposition. Otto Piene, der den Anspruch hatte, das geistige Haupt der ZERO-Gruppe zu sein, strebte mit Feuer und Rauch eine künstlerische Erweiterung in den

Himmel hinein an. Günther Uecker malte mit dem Nagel. Heinz Mack forcierte Licht, Bewegung, Vibration und entwickelte Projekte für die Wüste.

Welche ersten Eindrücke haben Sie von Mack bewahrt?

Es muss Mitte 1967 gewesen sein, als ich ihn das erste Mal in Mönchengladbach auf dem Huppertzhof besuchte. In meinen Anfängen ging ich gern zu Künstlern. Dabei kam es nicht darauf an, billiger zu kaufen. Mir kam es auf Gespräche an. Wenn ich mich mit Kunst auseinandergesetzt habe, beschäftigte ich mich auch mit den Künstlern, ihren Vorstellungen und Ideen. Ich habe nicht nur Kunst gesammelt, ich wollte auch immer wissen, woher die Überlegungen des Künstlers kamen. Am Ende seines Wohnraumes auf dem Huppertzhof hatte er viele Stelen quasi zu einem Wald aufgebaut in verschiedenen Größen, Formen und unterschiedlichen Materialien. Untereinander waren sie außerordentlich vielgestaltig. Es gab

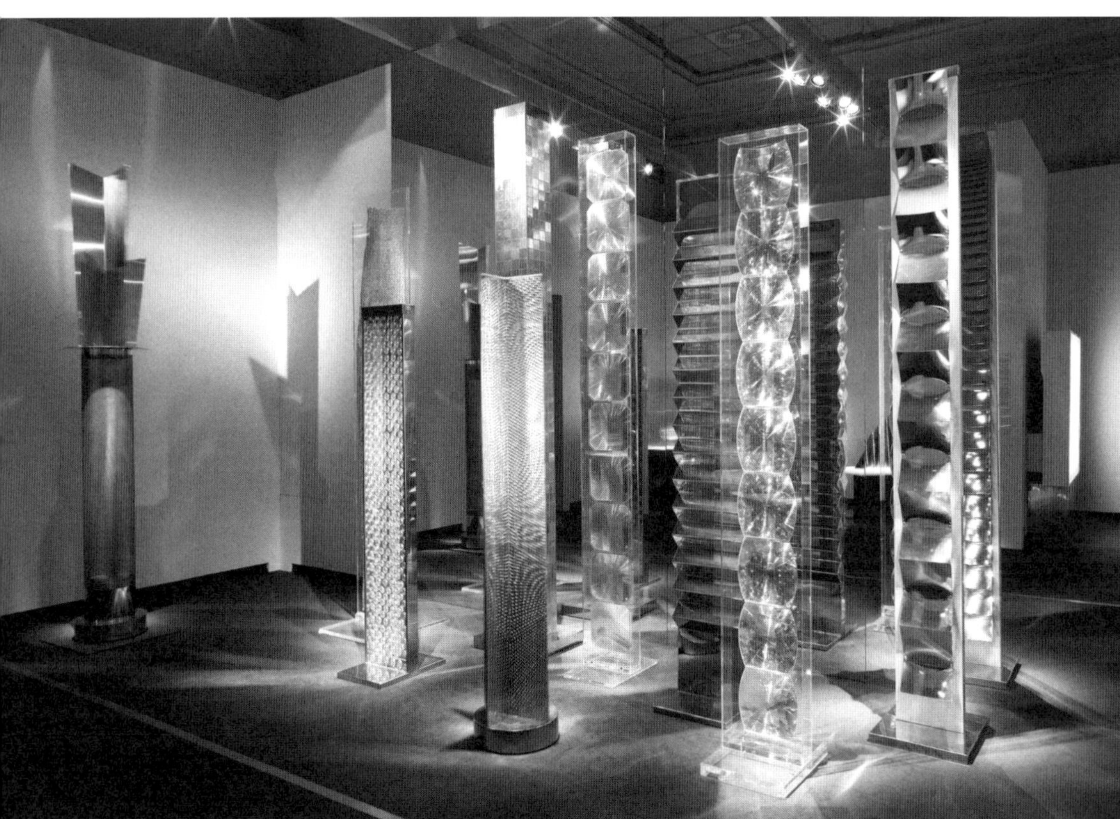

Stelenwald in der Ausstellung *Mack – Transit zwischen Okzident und Orient*, Pergamonmuseum, Berlin 2006

Stelen mit ausgeprägten dreidimensionalen Teilstücken, mit umfangreichen Plexiglaseinfassungen und mit einer wechselnden Lichtschaltung. Überhaupt war diese lebendige Lichtwirkung, die insgesamt von diesen Stelen ausging, beeindruckend.

Und wie haben Sie den jungen Mack erlebt?

Ich lernte ihn als weltoffenen, kulturinteressierten und liebenswürdigen Mann kennen. Wenn ich ihn in Mönchengladbach besuchte, stand er meist in seiner Werkstatt und arbeitete an Metallen. 1963 malte er sein vorerst letztes Bild auf Leinwand. Erst 1991, nach 27 Jahren, entstanden wieder *Neue gemalte Bilder*, so der Titel eines Katalogs der Galerie Löhrl, Mönchengladbach, von 1991. Ich habe ihn auch auf dem Flügel spielen hören, unter anderem Chopin. Damals erzählte er mir, dass er ursprünglich Musiker hatte werden wollen und nicht Maler. Unmittelbar nach dem Krieg, 1945, wurde er auf der Straße ohne Grund von einem entgegenkommenden amerikanischen Soldaten angegriffen. Nach einer handgreiflichen Attacke des Fremden war eine seiner Fingersehnen gerissen. Deshalb konnte er nicht mehr professionell Klavier spielen und musste diesen Traum aufgeben.

Was haben Sie von Mack gekauft?

Die erste Arbeit war die heute noch in meiner Wohnung stehende 2,75 m hohe und 30,5 cm breite Lichtstele. Sie trägt den Titel *Traum des Schachspielers* und stammt aus dem Jahr 1964. Sie sollte 12.000 DM kosten. Ich habe sie im November 1969 für 10.000 DM von ihm bekommen. Sie sagte mir am meisten zu, weil sie am schlichtesten von allen war und das Licht sich auf eine immer wieder neu erlebbare Art und Weise spiegelt.

Was hat Ihr Interesse an dieser Arbeit geweckt?

Diese Neuartigkeit war es, die mich fasziniert hat. Von meiner statisch strengen Stele geht etwas Stilles, Reduziertes aus, obwohl sie durch ihre Höhe gar nicht zu übersehen ist. Das Licht wird durch das geprägte, silbern wirkende Aluminium reflektiert und ein Linienverlauf, ein Auf und Ab, das räumlich wirkt, erscheint auf der schmalen Stele in vielen Reihen untereinander. Über den Titel *Traum des Schachspielers* wird eine

Verbindung zu den kleinen Quadraten aus Aluminium gebildet, die die Grundstruktur der Arbeit aufbauen, die ihrerseits wiederum als Spielfelder gedacht werden können. Durch den wechselnden Lichteinfall simuliert die Stele ständig Bewegung. Sie vereint auf sich eine große Helligkeit und bleibt zugleich immer lebendig.

Sie sind ein Jahr älter als der 2014 verstorbene Otto Piene und vier Jahre älter als Heinz Mack. Können Sie aus der Zeitgenossenschaft, aus Ihrer Jugend und aus Ihrer Grundstimmung heraus ZERO verstehen? All die Ideen, die Postulate, die Gruppe im Kern wie in dem losen Verbund. Können Sie das Gefühl nachvollziehen, aus dem heraus man damals avantgardistisch agitierte?

Ich kann das absolut nachvollziehen. Es waren ja zunächst Mack und Piene, die sich zu ZERO zusammenschlossen. Uecker kam erst drei Jahre später dazu. Mack und Piene haben beide zuvor informell gemalt, allerdings waren es ganz zurückgenommene Arbeiten. Beide hatten Philosophie in Köln studiert. Sie strebten damals den Beruf des Studienrates an. Sie heirateten früh, bekamen Kinder und mussten ihre Familie ernähren.

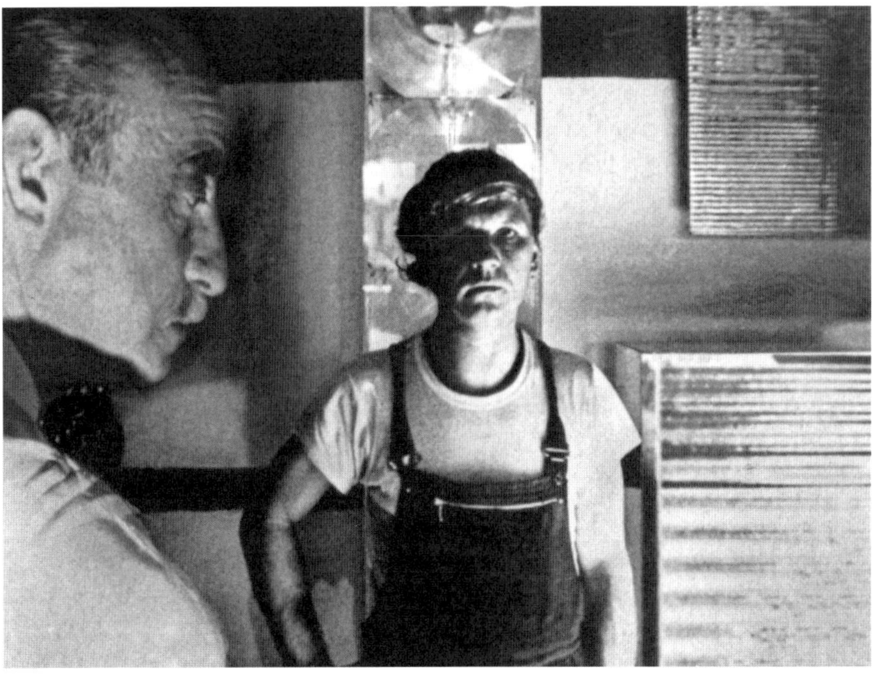

Lucio Fontana im Atelier von Heinz Mack, 1963

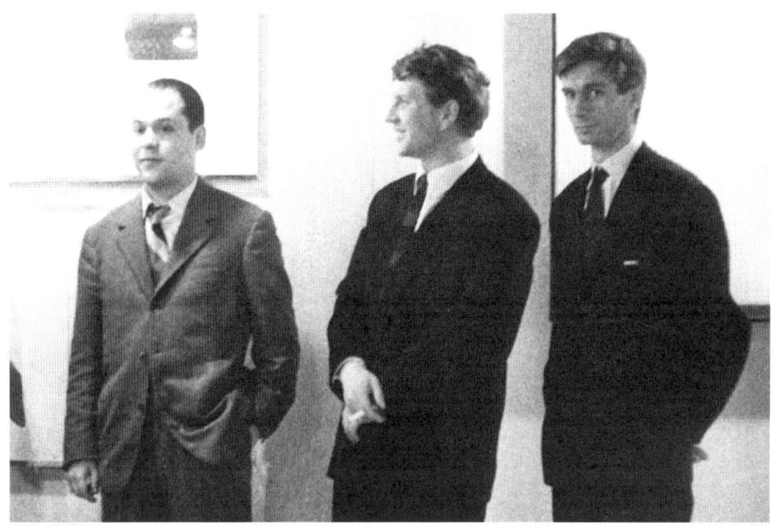

Manzoni, Mack und Castellani während der Vernissage in Mailand, 1960

Das war die erdverbundene, profane Schiene, die sich in der lehrenden Tätigkeit, die sie beide ausübten, ausdrückt. Daneben arbeiteten beide an einem neuen Konzept, an einer neuen Kunst, die sie entdeckt hatten und durch die sie durch Yves Klein, Fontana und Piero Manzoni bestätigt wurden und ZERO nannten und die sie gleichzeitig vorantrieb. Sie erkannten sehr schnell das Potenzial der neuen Kunstrichtung und haben es intensiv ausgebaut. Mack und Piene haben hart gearbeitet, trotz anfänglicher Kritik in der Düsseldorfer Presse. Piene, Mack und Uecker gelang es, eine neue Kunstrichtung, ZERO, zu inthronisieren. Was sie damals noch nicht ahnten war, dass sie für die amerikanischen Kunsthändler die erste deutsche Künstlergeneration nach dem Zweiten Weltkrieg wurden. Die Informellen galten altersbedingt in den USA als die Stalingrad-Generation, die gemieden wurde. Mit der neuen Kunst kam etwas herüber, das es bisher nicht gab: das Bewusstmachen von Licht, die Erweiterung der Kunst in den Himmel hinein und die Bewegung. Mack spricht von Vibration. Es war eine neue Welt, die aufgetan wurde. Zeitgleich stellte Schmela Yves Klein aus, der mit der reinen Materie, der puren Farbe, dem Pigment arbeitete. So kam die Monochromie auf, die auch Lucio Fontana und Piero Manzoni forderten. Das alles hat Mack und Piene dazu gebracht, das Informel hinter sich zu lassen und das Neue, das Reine zu entdecken. Sie übernahmen das Weiß und das Schwarz. Für sie war Schwarz der Anfang und Weiß war die Ruhe, das Licht.

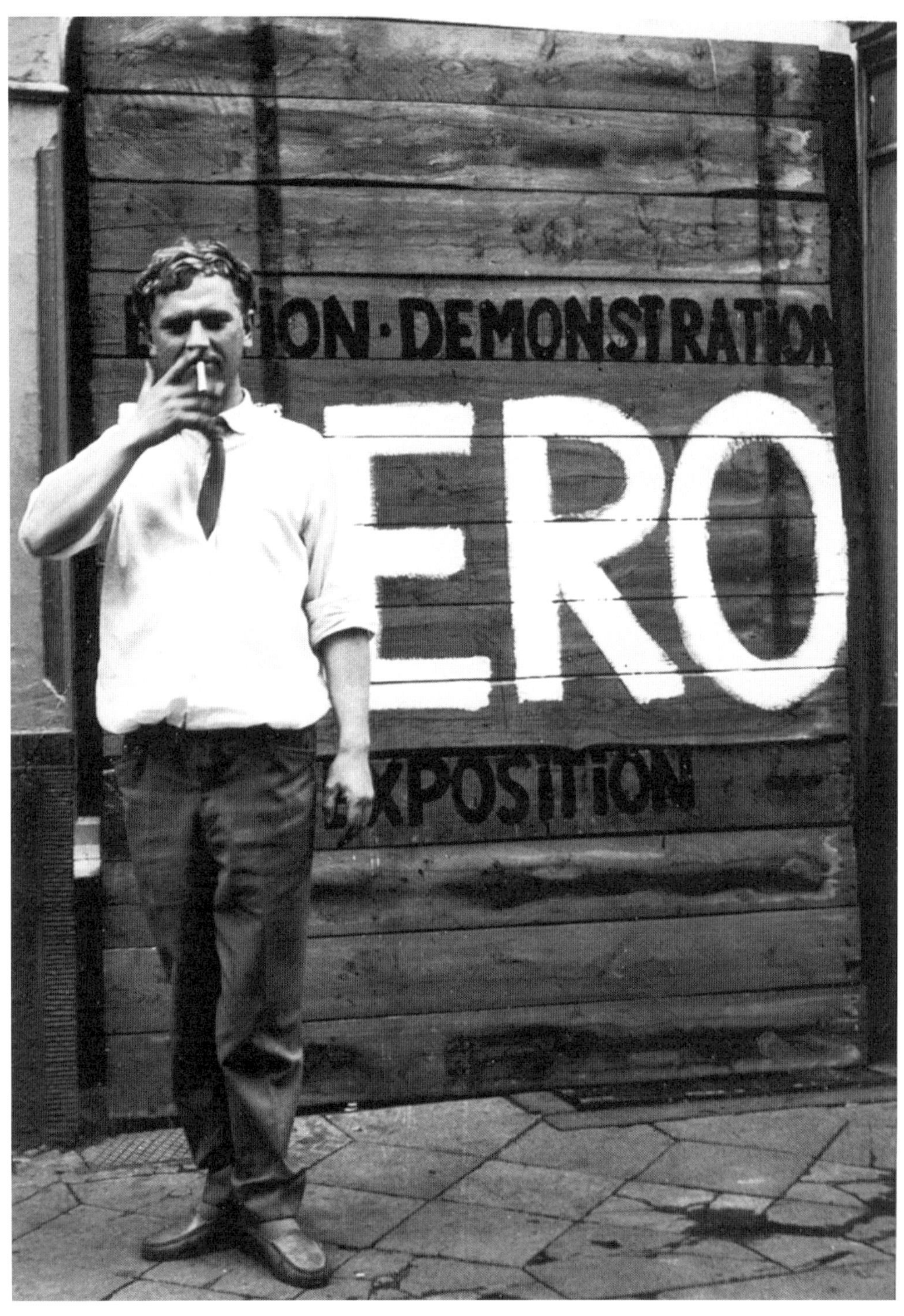

Heinz Mack vor der Galerie Schmela,
Düsseldorf 1961

Was glauben Sie, warum ZERO so schnell wieder auseinanderbrach?

Das hängt sicher mit der starken Individualität eines jeden Einzelnen zusammen. Jeder hatte seine eigenen Vorstellungen und jeder war so stark, dass er sich nach der Trennung durchgesetzt hat. Es gab auch einen Streitpunkt zwischen Mack und Piene. Da ging es um den *neuen Idealismus*, den Piene propagierte. Mack lehnte das ab. Mack hat Otto Piene 1964 einen Brief geschrieben, um ihm mitzuteilen, dass er diese Forderung nicht mittragen kann.

Würden Sie behaupten, dass der Galerist Alfred Schmela die ZERO-Künstler beflügelt hat?

Auf jeden Fall. Denn die beiden ZERO-Künstler haben zwar in den Abendausstellungen in der Gladbacher Straße ihre Bilder ausgestellt, aber es waren noch gemischte Ausstellungen, das heißt: Auch andere Künstler hängten ihre Arbeiten an die Wand. Erst mit der siebten Abendausstellung wurde die erste Katalogzeitschrift *ZERO, Vol. I* veröffentlicht. Darin wurden die Überlegungen zu ZERO formuliert. Zu erwähnen ist sicher auch noch: Die Künstler hatten Freunde. Schmela hatte Käufer.

Hat Sie das damals gepackt, hat ZERO Sie intellektuell satt gemacht?

Ich habe zwar im einzelnen nicht mehr vor Augen, was ich gesehen habe, aber ich kann mich daran erinnern, dass ZERO mich in seiner Radikalität, in der Zurückgenommenheit der Form und Farbe, stets begeisterte. Im Laufe der Kunstgeschichte arbeiteten erstmals Künstler bei der Herstellung von Bildern nicht mehr mit Pinsel und Farbe, sondern mit Licht, mit Feuer und Rauch und mit dem Nagel. Ich mochte immer auch den Gegensatz, also dem Informel ZERO gegenüberzusetzen. Eine solche Konfrontation erhöhte die Spannung und ließ keine Langeweile aufkommen.

Wie viele Werke besitzen Sie von Mack?

Ich besaß vor meiner Schenkung an das Museum Kunstpalast 17 Arbeiten, darunter vier frühe und drei späte Bilder, eine Steinskulptur, eine Metall-

skulptur, die Stele, außerdem fünf Papierarbeiten und zwei Metallreliefs. Dabei stammen einige Arbeiten von der Galerie Schoeller, von der Galerie Schmela und von Frau Elisabeth Buchheister, Hannover, die einmal durch meine Vermittlung mit Mack getauscht hatte. Das an Mack gegebene kleine konstruktive Bild von Carl Buchheister ist beim Huppertzhof-Brand verloren gegangen.

Wie gefallen Ihnen Macks farbige Bilder, die viel später kamen?

So sehr, dass ich davon drei erworben habe. Eines von 1992 mag ich besonders gern. Es trägt den Titel *mare i sole*. Es gefällt mir so gut, weil Mack mit einem sehr starken Blau arbeitet, das sich von links nach rechts aufhellt. Darüber und darunter befindet sich je eine schmale Reihe wechselnder, klar abgegrenzter Farben. Oben in Grün und in hellem Himmelsblau, unten in Gelb- und Rottönen. Besonders schön ist in diesem Zusammenhang das kleine weiße Rechteck, das am oberen rechten Rand angebracht ist, fast am Ende einer im Vergleich zur Blaufläche schmalen Farbenreihe. Dieses weiße Viereck vermag das ganze Blau in einem farbigen Gleichgewicht zu halten. Vielleicht steht das Weiß für die geschlämmten Häuser der Insel. Wenn man will, kann man die Farben Ibizas im Bild erkennen. Das Schöne ist, dass man in seiner Deutung nicht festgelegt ist. In einem gegenständlichen Bild der heutigen Malerei sehe ich immer wieder den abgebildeten Gegenstand, die Blume oder den Gegenstand im Zimmer. Das gegenstandslose Bild belässt mir die Freiheit der Interpretation. Das ist eine Freiheit, die ich in meiner Jugend vermisst habe. Schon früh hat mich alles gestört, was gegen die Individualität gerichtet war: das Antreten zum Appell, das Exerzieren und dass ich schon als zehnjähriger Pimpf Kommandos und Befehle ausführen musste und gedrillt wurde.

Was hat die ZERO-Bewegung, so kurz sie währte, bei Ihnen ausgelöst?

Die Begegnungen und die Gespräche mit Künstlern wie Mack waren und sind eine große Bereicherung für mich. Es gab und gibt eine Geborgenheit in der Welt der Kunst inmitten des Irrsinns der Kriege, der Stupidität, des Kitsches und der optischen Umweltverschmutzung ringsum. Die Kunst stellt ein Gegengewicht dazu her. Ob sie freilich eine Lösung bereithält, ist eine andere Frage.

Wie modern finden Sie Mack heute?

Das Wort »modern« passt nicht hierher. Seine Anfänge liegen mehr als 50 Jahre zurück. Mack bemüht sich immer um neue formale und farbige Lösungen. Seine weißen Arbeiten von 1957/58 waren ganz streng. Weiß ist damals nicht nur für Mack die Farbe des Aufbruchs gewesen. Auch Hoehme hat weiße Bilder gemalt. Heute ist Mack farbiger. Mack ist nicht stehen geblieben. Es kommt auf das Gesamtwerk an, das in seiner Zeit gesehen werden muss.

Wie gefällt Ihnen der Mensch Mack?

Ich mag ihn sehr gerne. Dieses Ausschließlich-für-die-Kunst-Leben habe ich immer hoch geachtet. Diese Ehrlichkeit und Aufrichtigkeit kommt in allen Handlungen zum Ausdruck. Der Künstler und der Mensch sind nicht

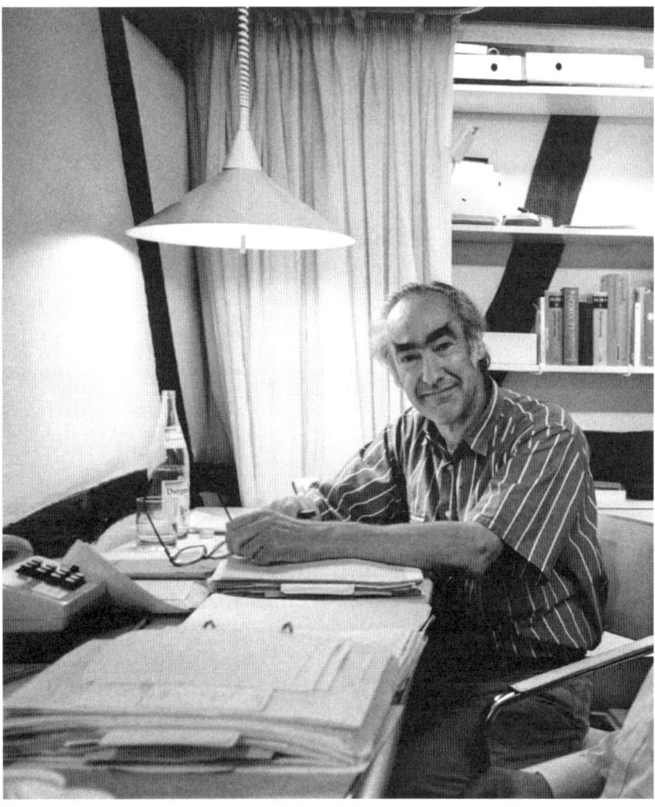

Willi Kemp bei Ute und Heinz Mack, 1991

zu trennen. Wenn man mit Mack zusammenkommt, spürt man in allem dieses Einssein mit der Kunst.

Auch als Steuerberater haben Sie diese verrückten ZERO-Künstler vertreten, wie kam es dazu?

Ich bin angesprochen worden und habe mich dem nicht verschlossen. Man musste einiges anders berücksichtigen als heute. Der Künstler musste ein Einnahmen – Ausgabenbuch führen, er hatte sämtliche Einnahmen aufzuführen und konnte demgegenüber seine beruflich bedingten Kosten wie Ateliermiete und Arbeitsmaterial, Bewirtung oder auch seine Reisekosten absetzen. Alle drei bis vier Jahre gab es eine sogenannte Betriebsprüfung. Da kam ein Beamter oder eine Beamtin vom Finanzamt ins Haus und sah sich die Belege an. Insbesondere bei Reisen war das Finanzamt ganz schnell dabei, etwa eine Reise nach Amerika als privat zu qualifizieren. Schon damals ging es darum, die berufliche Veranlassung gegenüber dem Finanzamt herauszustellen. Da kam es darauf an, gute Argumente zu haben und sich durchzusetzen.

Bei dem dramatischen Brand auf dem Huppertzhof im Jahr 1984 haben Sie Heinz Mack vor Steuerforderungen bewahrt. Was war damals passiert?

Früher mussten Künstler ab einem gewissen Vermögen eine Vermögensteuer bezahlen. Das wurde später abgeschafft. Mack hatte in seinem großen Schmerz, den der Brand bei ihm auslöste, gleich mehreren Journalisten gesagt, dass seine Kunstsammlung im Wert von mehreren Millionen Mark den Flammen zum Opfer gefallen war. Sie können sich vorstellen, was passierte: Nach kurzer Zeit kam das Finanzamt und mahnte an, dass diese Millionen zuvor in den Vermögensteuererklärungen niemals aufgetaucht seien und verlangte innerhalb von vier Wochen eine Stellungnahme. Ich habe argumentiert, dass man zwischen einem realen Wert und einem Liebhaberwert unterscheiden müsse. Mack hatte offenbar den Journalisten einen Liebhaberwert genannt. Es war die Kunst seiner Freunde – einige waren schon verstorben –, die für ihn von ungeheurem Wert war. Aber diese Summen waren unter normalen Verkaufsbedingungen auf dem Markt nicht zu erzielen. Ich konnte beweisen, dass die von Mack besonders geschätzten und von ihm hoch bewerteten Kunstwerke

von Künstlerfreunden stammten, die die vorn auf der Arbeit befindliche Freundschaftserklärung besonders groß vermerkt hatten. Eine solche vorn auf dem Kunstwerk befindliche Notiz »à mon ami Heinz« macht die Arbeit aber für alle anderen Kunstinteressierten nahezu wertlos.

Haben Sie das Finanzamt überzeugen können?

Ja. Später hat Heinz Mack in einem Brief seine Dankbarkeit ausgedrückt.

Sie haben mit dem Künstler einen intensiven Briefverkehr geführt und führen ihn immer noch fort. Welches Kompliment würden Sie ihm heute schriftlich geben?

Ich bin immer wieder von der Visualisierung des Geistigen überrascht, die ihm in seiner Kunst gelingt. Was ich damit meine, kann ich genau beschreiben, indem ich eine kleine Episode erzähle: Mit meiner Frau war ich sieben Tage auf einem Kahn auf dem Rio Araguaia unterwegs, mitten im brasilianischen Urwald. Ringsum nur das Grün der Lianenwälder, das braune Flusswasser voller Piranhas und darüber der blaue Himmel. Über den Ohrstöpsel eines Taschenrecorders hörte ich damals eine Beethoven-Sinfonie, und mir wurde bewusst, wie der menschliche Geist Klarheit und Ordnung schaffen kann und damit im Gegensatz zur wuchernden Natur tritt. Dieses Prinzip der Klarheit, der strukturierten Ordnung, der Bildlogik meine ich mit diesem Geistigen in den Arbeiten von Heinz Mack. Alles ist in sich stimmig. Und das Wesentliche: Es ist und bleibt immer Mack. Der Bildaufbau lässt oft an eine kristalline Form denken, und die Farben bleiben immer auf die Spektralfarben beschränkt.

Mehr rationelles Kalkül als Bauchgefühl?

Natürlich ist ein Gefühl, ein Gespür immer dabei, aber das rationale Element erkennt man schon in den frühen *Dynamischen Strukturen*. Es ist diese Paarung von Geist und Poesie. Dabei weiß ich, dass es kein Gegensatz ist, aber mir fällt nichts Besseres ein, um diese einmalige künstlerische Situation zu verdeutlichen. In den neueren Bildern ist es die Farbe, die Farbkombination, die Farbkonfrontation, die diese Poesie, die ich meine, vermittelt. Ich war froh, als Heinz Mack, vielleicht auch durch die Sonne Ibizas verführt, wieder malte.

Das von Ihnen meistbewunderte Kunstwerk von Heinz Mack findet man wo?

Herausragend finde ich das von Heinz Mack gestaltete Grabmal auf dem Nordfriedhof in Düsseldorf. Es liegt hinter der Kapelle, auf der Spitze des höchsten Hügels. Der weite Rasen gibt dem Grabmal den notwendigen Umraum, um zur Wirkung zu kommen. Zunächst ist da der harte Gegensatz zwischen Schwarz und Weiß, genauso diametral gegeneinander gesetzt wie Leben und Tod. Schwarz ist das aufrecht stehende Grabmal und Weiß die Bodenplatte, auf der das Grabmal steht. Erst beim Nähertreten sieht man den Riss im großen Steinkubus auf jeder Seite. Innerhalb des Kubus befinden sich zwei begehbare schmale, nach oben hin offene Gänge, die in Kreuzform angeordnet sind und sich von außen als Riss oder Öffnung zeigen. Das Ganze, Heile eines kompakten Kubus ist nicht mehr vorhanden. Dann wird man den Gegensatz zwischen der polierten schwarzen Fläche draußen und dem bossierten Innern gewahr. Der glatte Stein spiegelt die Umwelt wider, den Boden, die Bäume, den Himmel. Das ist wie ein Abglanz unseres Lebens. Dagegen wird innen alles Licht durch die Bossierung vernichtet. Leben und Tod als künstlerische Formel des ZERO-Künstlers, für den Licht das Alpha und das Omega ist.

Ist es auch das wichtigste Werk von Mack?

Ich kenne nicht alle Werke von Heinz Mack, die sich auf Plätzen in verschiedenen Städten und in vielen Museen und Privatsammlungen befinden. Aber man wird zu diesem Friedhof einmal hinpilgern, wenn die Leute kapiert haben, was Mack hier geschaffen hat. Noch ist es ruhig an diesem Platz, und man weiß nicht, was man sich wünschen soll: dass dort ein Rummel entsteht oder dass es nur für ein paar Kunstinteressierte ein Muss ist und dann die Ruhe bleibt, die den Toten gebührt.

Sie haben nach dem Friedhofsbesuch Heinz Mack einen Brief geschrieben. Was stand darin?

»Zu Deinem Werk muss ich Dir ganz herzlich gratulieren. Das ist heutig und steht in einem Kontrast zu allem, was ich sonst auf deutschen und ausländischen Friedhöfen kenne. Das ist etwas völlig Neues, nie vorher Gesehenes. Alles hat einen tieferen Sinn, hat Bezug zu den Lebenden

und zu den Toten, zum Licht und zum Schwarz der Nacht. Und ich kann mir vorstellen, dass Du während der Arbeit an diesem Objekt auch einmal an den eigenen Tod und die Platte gedacht hast, die Dich bedecken wird. Dann taucht vielleicht die Frage auf, werden hier nicht schon alle Möglichkeiten, die man erarbeitet hat, für ein fremdes Grab weggegeben? Das hier scheint mir unübertrefflich zu sein. Aber wir leben noch. Noch! Und Dir fällt immer wieder etwas ein.

Ich bin heiter nach Hause gegangen. Die Toten können wir nicht wieder zum Leben erwecken, aber ihr Andenken können wir so lebendig gestalten, wie Du es geschafft hast.

Ich danke Dir dafür. Ganz herzlich, Dein Willi«

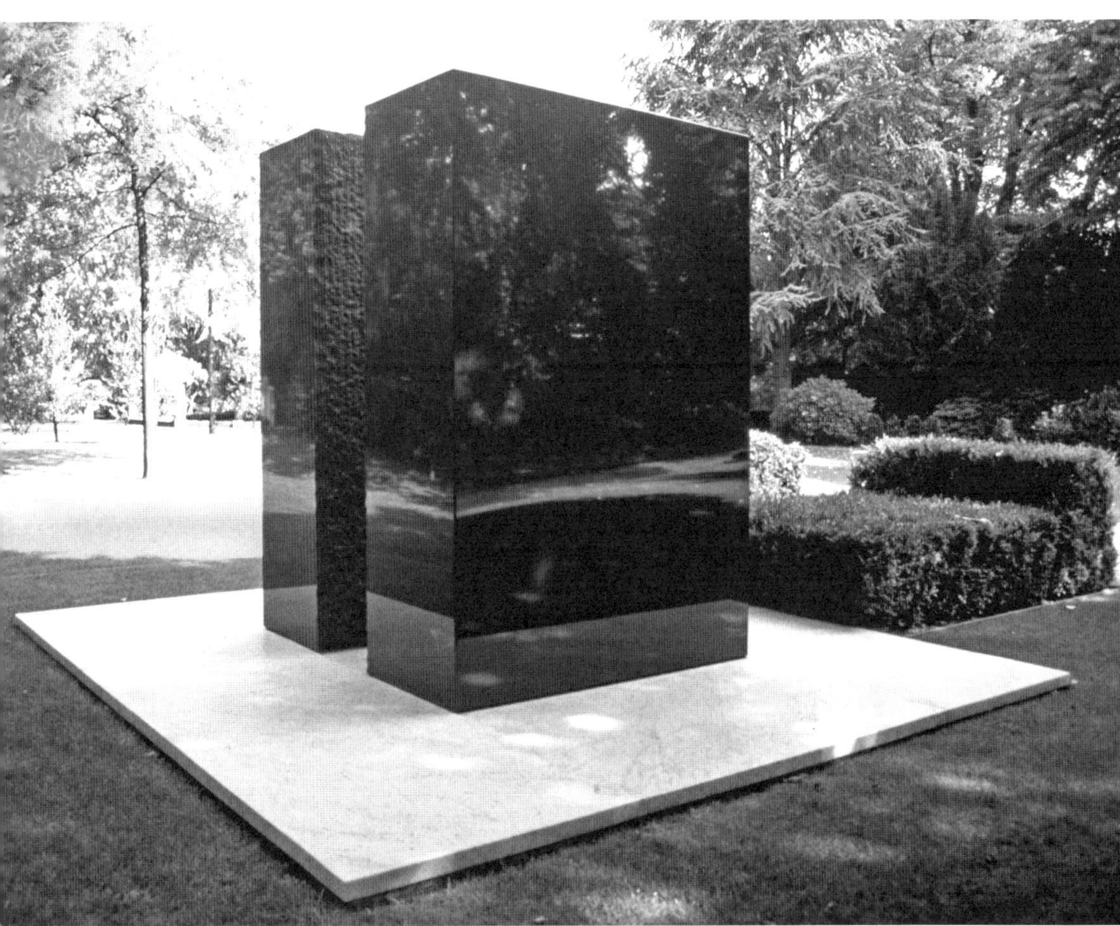

Grabmal für eine Familie, Nordfriedhof Düsseldorf, 1996/1997

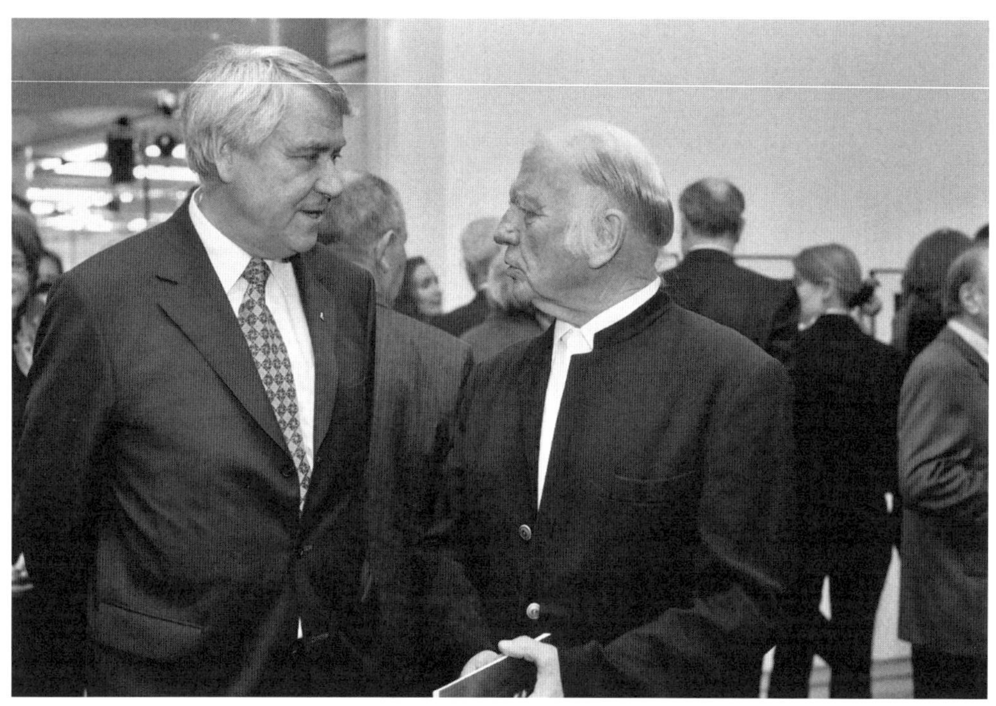

Heinz Mack und Volkmar Hansen im Gespräch

VOLKMAR HANSEN

Herr Professor Hansen, Sie lernten erst den Menschen, dann das Werk kennen. Wann begegneten Sie Heinz Mack zum ersten Mal?

Das war Mitte der 1970er Jahre. Ich hatte das Vergnügen, als ganz junger Mann in den ältesten Lions-Club Deutschlands aufgenommen zu werden. Und ich bin dort Heinz Mack begegnet, im Rahmen dieses ehrfurchterregenden Kreises von Älteren, die es gewagt hatten, einen frisch aus der philosophischen Fakultät kommenden Doktor bei sich aufzunehmen. Sein Name war mir vorher schon geläufig, also muss ich auch vorher schon etwas gesehen haben von ihm. Aber ich hatte noch keine konkrete Vorstellung vom bildnerischen Kosmos des Heinz Mack.

Wie wuchs Ihre Beziehung? Wie wurden Sie näher bekannt und ein Freund?

Es wuchs alles systematisch und dadurch, dass ich mich mit dem Werk vertraut gemacht habe. Wir durften mit dem Club das Privathaus und Atelier des Künstlers in Mönchengladbach besuchen. Dieser erste Besuch, dieser Einblick in sein Leben, hat in mir ein elementares Interesse an seiner Kunst geweckt. Sogleich war ich fasziniert und neugierig. Es war die Begegnung mit einem Künstler, dessen leuchtende Farben für mich sprechend waren. Später kamen die Verbindungen durch die gemeinsame Tätigkeit in der Unesco dazu.

Sie beide unternahmen eine gemeinsame Reise nach Teheran, die in vielerlei Hinsicht bedeutsam war. Wie haben Sie das erlebt?

Tatsächlich wollten wir im Oktober 2001 als größere Reisegruppe nach Teheran aufbrechen, um Heinz Mack zu begleiten, der als erster westlicher Künstler nach der Revolution im Modernen Museum von Teheran ausstellen konnte. Aber der 11. September mit dem Anschlag auf das World Trade Center war noch allgegenwärtig, so dass aus Furcht vor Gefahren einige

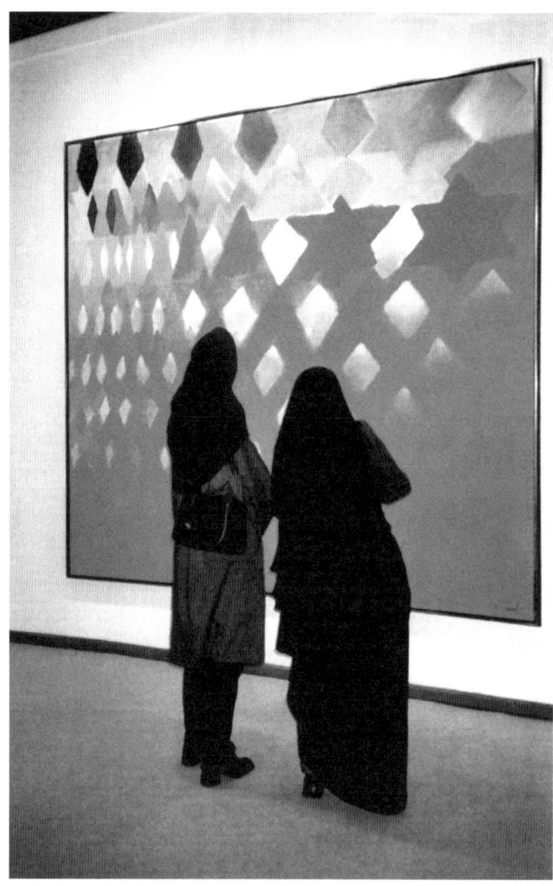

Während der Mack-Ausstellung im Teheran Museum of Contemporary Art, 2001

Menschen aus der Gruppe absprangen. Nur wenige von uns hatten dann noch den Mut, dem unbeirrten Mack zu folgen.

Worauf waren Sie neugierig?

Die iranische Welt ist natürlich für einen Goethespezialisten wie mich besonders interessant, ich hatte ja damals nur recht nebulöse Vorstellungen vom Iran. Dies alles galt es zu überprüfen. Da war einerseits ein Gefühl der Kontrolle und andererseits das Wissenwollen, was ist da wirklich los? In Teheran würden wir eine repräsentative Schau seines Gesamtœuvres sehen wie auch aktuelle Bilder, so war diese Reise doppelt erregend. Macks Affinität zu Goethe und dem persischen Dichter Hafiz war uns durch vorausgehende Ausstellungen im Goethemuseum Düsseldorf bekannt.

In Düsseldorf war er mehrmals mit Themenausstellungen präsent in dem Haus, das Sie lange Zeit leiteten.

Er hat insgesamt vier Mal im Goethemuseum ausgestellt, 1995 zum ersten Mal mit dem Leitmotiv »45ff«. Das war eine große Düsseldorfer Gemeinschaftsausstellung. Und Goethe als der repräsentativste deutsche Autor spielte eine wesentliche Rolle. Ich konnte Heinz Mack einen ganzen Raum, ausgestattet mit einem inneren Kubus, anbieten. Die Grundidee, die er hatte, zeigte sich besonders an dem Plakat. Dass er dort so eine merkwürdig gezackte vertikale Linie zeichnete: Alles schwarz auf der einen Seite und auf der anderen die Farbenchromatik. Also ein wunderbarer Ausdruck, den er da in den Goethe-Kopf hineinsetzte. Ein sehr ansprechendes Plakat.

Die Paraphrase für Goethes Kopf?

Nein, sondern für den befreienden Schnitt des Jahres 1945. Er hat dort auch gezeigt, was in dem Begriff ZERO mitschwingt, dass hier wirklich ein Aufbruch aus einem Grau in Grau, aus einem Abgeschnittensein stattfand, den man sich mühsam in Paris oder New York aneignen musste, wie man dann wieder den Anschluss an die Welt fand und das dann entsprechend entwickelte. Die zweite Ausstellung mit ihm fand im Jahr 1999 statt, und sie war thematisch dem *West-Östlichen Divan* gewidmet. Das war ein besonderes Erlebnis, denn dort hat er den Konnex zu Goethe direkter hergestellt.

Wie gut kennt Heinz Mack Johann Wolfgang von Goethe?

Er hat sich umfassend mit der Farbenlehre und den Aphorismen auseinandergesetzt. Ich glaube, er hat den Kern begriffen, das heißt, er hatte als Künstler diesen künstlerischen Anspruch von Goethe selbst wieder ernst genommen. Nichts Beliebiges, sondern dass Kunst Ausdruck sein kann für eine wahre Welt. Kunst als Organon. Auch mit einer Gültigkeit in der bildenden Kunst. Das war erst einmal wichtig, dann kamen alle anderen inhaltlichen Füllungen hinzu.

Das Thema Orient-Okzident nimmt in Macks Werk eine zentrale Position ein. Wie nähert er sich dem als bildender Künstler?

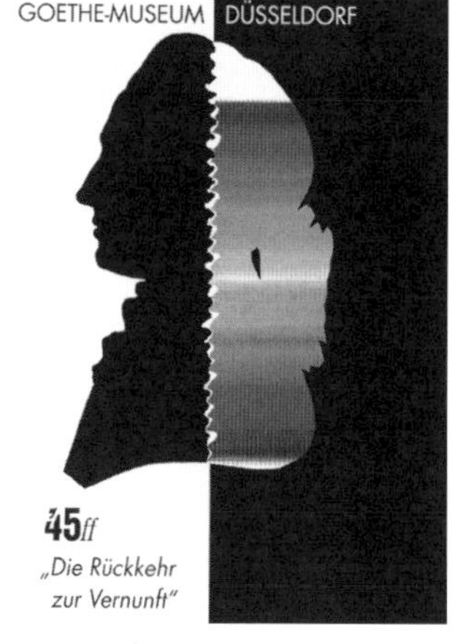

Buchumschlag
Die Rückkehr zur Vernunft.
Klassiker zwischen 1932 und 1968.
Düsseldorf, 1995

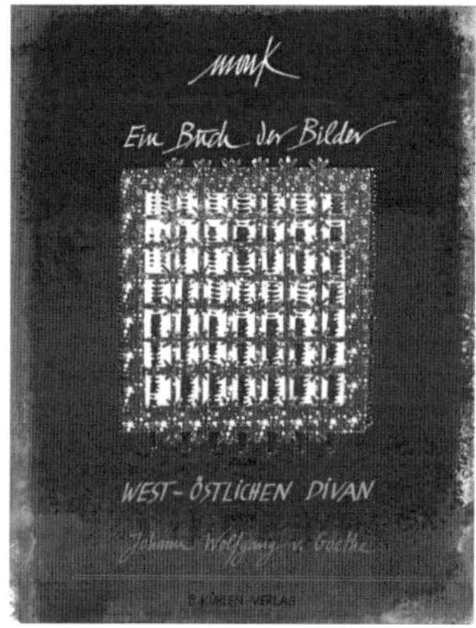

Buchumschlag:
Mack – Ein Buch der Bilder:
zum West-Östlichen Divan
von Johann Wolfgang von Goethe.
Mönchengladbach, 1999

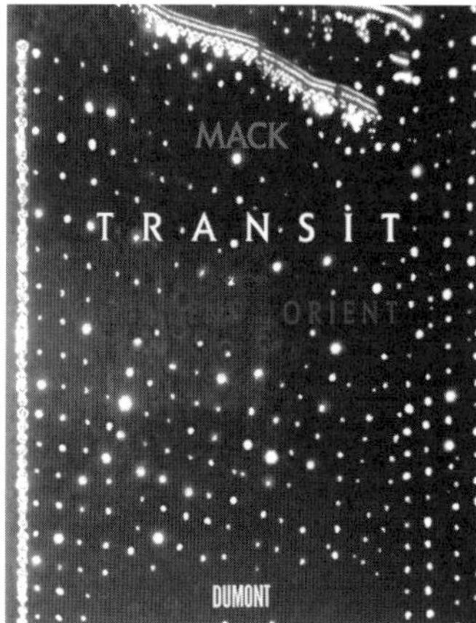

Buchumschlag:
Mack – Transit zwischen Okzident
und Orient. Faszination und Inspiration
der islamischen Kultur im Werk des Künstlers.
Ein Werkaspekt 1950–2006.
Köln 2006

In meinen Augen tritt er für ein offenes Bild der Menschen dieser Welt ein. Das, was Humanität genannt werden kann, ist bei Heinz Mack gelebte Erfahrung. Er war früh schon in Nordafrika, hat die Menschen dort gesehen, und es war die Islam-Welt, zu der er sich hingezogen gefühlt hat. Auf seinen Bildern sieht man etwa allein schon diese bestimmte hellgrüne Farbgebung oder die Rastermuster, die Transformationen in seine eigene Sprache. Das sind alles Anklänge an die Orientwelt. Wir haben später eine Ausstellung mit ihm zu dem *Hohen Lied Salomos* gemacht, die er durch Wandbilder gestaltet hat. Die primäre Erfahrung des Orients geschieht ja bei uns Christen im Regelfall durch die Begegnung mit der Bibel, da haben wir immer einen natürlichen Schlüssel hin zum Orient. Bei Mack war es besonders dieses Buch der Liebe, der Frauenliebe. Das ist bei ihm sicher die Salbhörnchen- und Zimtblüten-Metapher, die ihm sehr imponiert hat.

Was erzählen seine Bilder aus der Ausstellung »West-Östlicher Divan« anderes als Goethes Gedichte?

Ich glaube, sie erzählen nichts anderes, sondern sie interpretieren sie nur, sie schließen an die verschiedenen Texte an, die der Künstler gelegentlich in seiner wunderbaren Handschrift eingefügt hat. Man kann das in den Katalogen direkt zuordnen und nachvollziehen, wo diese Zusammenhänge sind, die Entsprechungen. Aber natürlich war die Teheranreise auch dadurch geprägt, dass wir an andere Orte gereist sind. In Isfahan besuchten wir diesen imposanten großen Platz mit den Moscheen und Mosaiken, die Mack fasziniert haben. Auch das hat er in anderen Bildern wieder aufgegriffen. Und wir fuhren nach Persepolis, wo man diese Reliefbilder sah und das Bildnis von Ahura Mazda, der ersten Version eines monotheistischen Gottes, den wir meistens als Zarathustra kennen. Wir waren in Shiraz mit seinen Gärten und Grabmälern für Hafiz und Saadi, und immer war die Reise mit Vorträgen verbunden. Dort haben wir gesprochen zu dem Thema »West-Östlicher Divan« und vor allem über Hafiz. Dieser mit dem Koran vertraute Dichter, der genügend innere Freiheit gegenüber zu engen Lehrmeinungen hatte, der taucht immer wieder auf. Das ist sicher auch diese innere Freiheit, die bei Goethe wie auch bei Mack imponiert.

Wie sind die künstlerischen Entsprechungen von Heinz Mack zu den dichterischen Formaten bei Goethe?

Ich denke, dass er in seiner Bildsprache variantenreich ist, aber nicht denselben Formenreichtum erreichen wollte wie der Dichter Goethe.

Das sagt der Germanist!

Ja. Denn in einem Sprachkunstwerk, das aus knapp 200 Gedichten besteht, gibt es ganz unterschiedliche poetologische Formen, die der Dichter wählt, um bestimmte Aussagen zu gestalten. Während der bildende Künstler Mack versucht hat, die islamische Komponente insgesamt als Einheit deutlicher sichtbar zu machen.

Ist das gelungen?

Ich empfinde es als ausgesprochen gelungen, es hat die Menschen angesprochen, und die Ausstellung hat Menschenmassen angezogen. Die Gespräche, die wir außerhalb von der Botschaftsebene führen konnten, zeigten, dass ein hohes Interesse an westlicher Kunst bestand. Offenbar fragte man sich auch, ob man dadurch ein Stück mehr Freiheit gewinnen könne. Die Frauen haben versucht, ihr Kopftuch mal ein bisschen nach hinten zu schieben. Es war schon damals spürbar, dass im Iran eine andere Generation heranwuchs. Im privaten Gespräch konnte man auch das gelegentlich erfahren: »Ja, damals haben wir noch gedacht, Revolution ist etwas ganz Reines, etwas Hehres.«

Was würden Sie als Germanist und Künstlerfreund sagen: Welche Geschichten erzählt uns Heinz Mack?

Er erzählt uns erst einmal: Kunst ist groß. Im Sinne von: Sie kann die Welt deuten, sie ist ein eigener Weg, um sich mit der Welt zu verständigen. Und man muss nur die Formen dazu finden. Das ist seine Botschaft. Sie ist eben nicht mehr nur ein Geschichtenerzählen alter Art, in dem eine Handlung unmittelbar aufgegriffen wird, sondern ein Umsetzen von Erfahrungen, von Sentenzen, von Weisheitssprüchen. »Dieses Liedes Riesenteppich« auch bei ihm.

In Venedig hat er im Sommer 2014 ein monumentales Werk platziert, neun goldene Pfeiler, die ihrem Titel nach den Himmel tragen. 850.000 goldene Mosaiksteine sind darin verbaut, 24 Karat. Wissen Sie, wie das geht: den Himmel tragen?

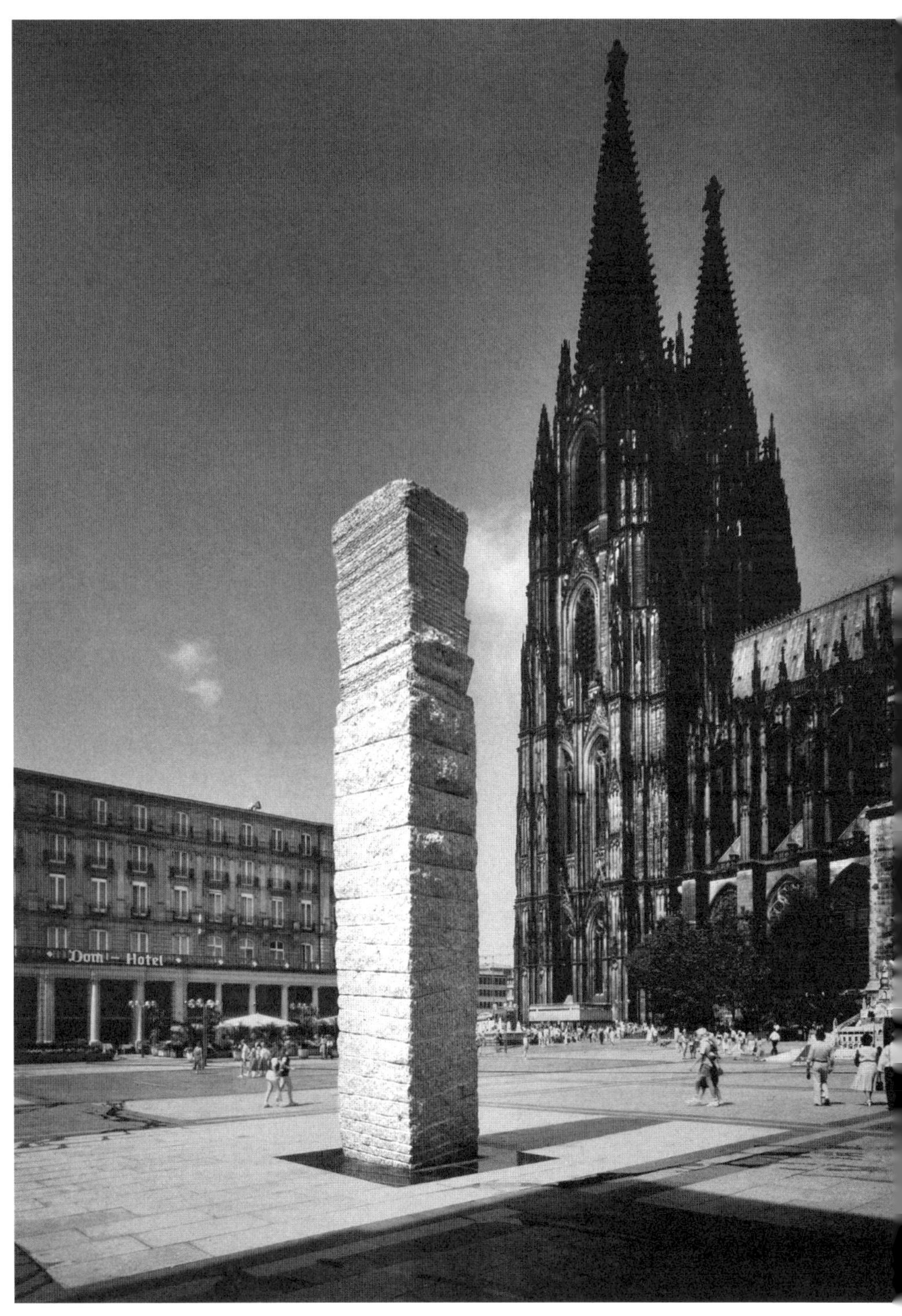

Columne pro caelo, Köln, 1984

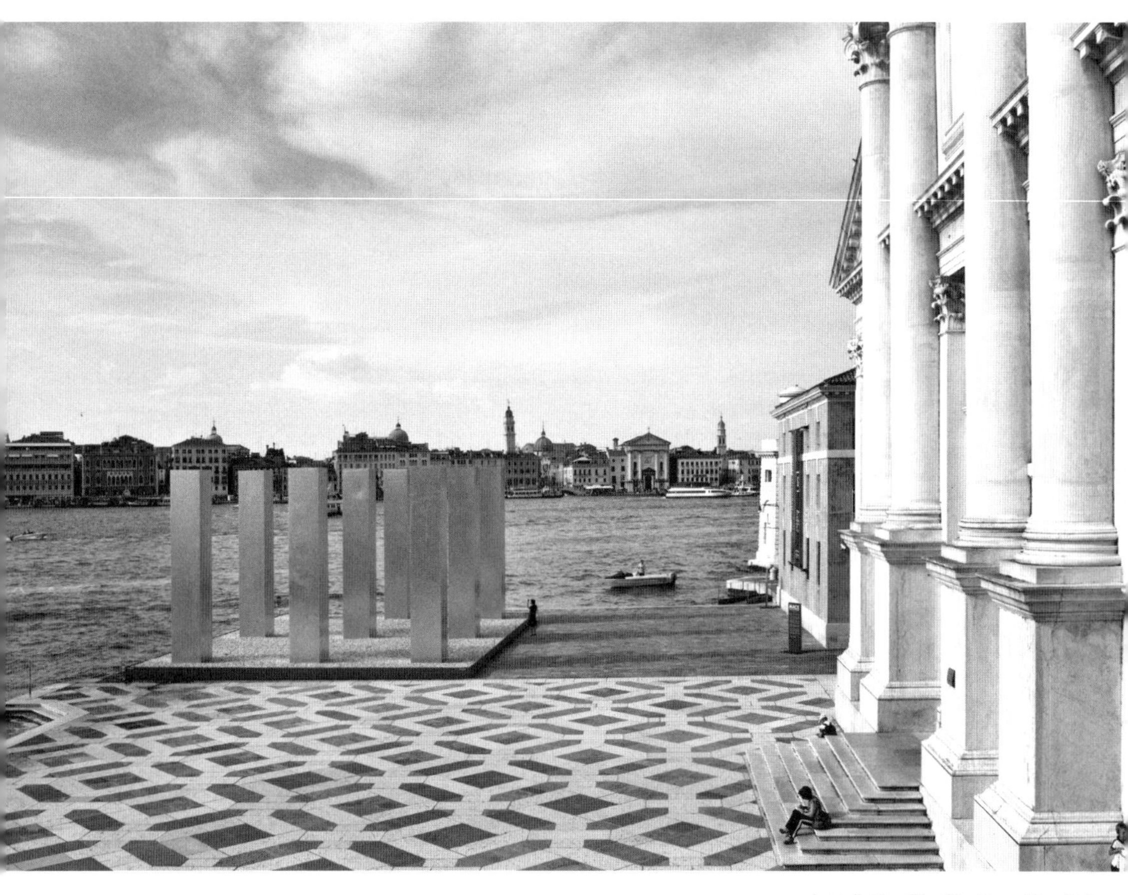

Installation *The Sky Over Nine Column*
Isola di San Giorgio Maggiore, Venedig 201

Indem man an so einem zentralen Ort der Welt alles kombiniert, was man an eigenen Techniken bisher verwendet hat, da ist etwa sein Thema der Stelen, der Pfeiler. Kennen Sie seine Granitsäule auf der Kölner Domplatte? In diesen Pfeilern ist Erdenschwere enthalten. Dazu kommt das lichte Element des Goldenen. Mack hatte ja schon in den 1960er Jahren goldene Mosaiksteine verarbeitet, damals noch platiniert, in Dingen, mit kleinem Eindruck. Hier aber wird plötzlich etwas Monumentales daraus, es gelingt ihm, das umzusetzen. Den Himmel tragen, das heißt so viel wie: Ich bin offen dabei, es ist ja kein Dach über diesen Pfeilern, sondern sie stehen als ein kraftvoll-archaischer Block da und sind tempelartig angeordnet. Himmel als Sky und als Heaven. Ein Tempel ist immer offen für die intelligible Welt. Das ist es eigentlich, was er dort macht. Die Welt ist ja nicht nur Anschauung der Schönheit, sondern sie ist auch noch etwas anderes.

Ist Mack ein durch und durch philosophischer Kopf?

Für ihn trägt ein Kunsttempel wirklich die Welt, indem er diesen Zugang findet. Das Hinreißende ist der Ort, an dem das Werk platziert ist, San Giorgio Maggiore. Es gibt fast keinen Ort, der geeigneter sein könnte, um so eine Inkarnation des eigenen Werkes zu platzieren. Und das Mosaik ist wieder da, aus dessen Einzelteilen plötzlich eine monumentale Erscheinung wird. Schaut man auf diese Inselecke vom Markusplatz aus, die gleichzeitig die Einfahrt zum Canal Grande bildet, dann erkennt man: Diese Gesamtsituation ist einfach unvergleichlich. Wenn man dann noch die Geschichte von Venedig bedenkt!

Für Mack ist Venedig die Schnittstelle zwischen Orient und Okzident.

Die Venezianer waren die große Handelsbrücke in die Welt des Orients, die Kreuzzüge führt man ja gerne dagegen an, aber es ist in Wirklichkeit immer ein großer Umschlagsplatz des Handels gewesen. Und man muss auch sagen, die Venezianer haben lange den Abwehrkampf gegen die islamische Aggression im Mittelmeerraum getragen. Noch im 18. Jahrhundert trugen die seetüchtigen Venezianer ganz wesentlich dazu bei, dass Europa seine freie Kultur erhalten kann. Die Doppelschichtigkeit, die man sehen müsste: auf der einen Seite der Handel, dann aber auch der Reichtum, der dort etabliert werden konnte. Byzanz, das große oströmische Reich, kam mit diesem Gold nach Venedig. An der Ausstattung der Markuskirche ist dies heute noch gut zu sehen. Es gibt im Werk von Mack eine sensationelle Kombination all dessen, was in Venedig eine Rolle spielt. Es gibt eine positive Schnittstelle des Austausches, aber auch der Bewahrung des Eigenen.

Ist Venedig heute noch ein aufgeladener Ort?

»Aufgeladen« meint ja auch eine poetische Qualität, Verwunschensein. Ja, es hat etwas davon. Alleine, dass Venedig auf Holzpfählen ruht, das machtvolle Venedig, das erst durch Napoleon ausgelöscht wird; an dessen Stelle tritt nachher dieses magische Venedig. Das empfinden alle Italienreisenden, das Magische, das Dekadente, Todesbedrohte, Einzigartige auch, allein durch seine Konstruktion. Aber auch die Schönheit von Venedig. Das könnte man mit Zitaten unterfüttern, Lord Byron etwa: »Die Macht ist gegangen, die Schönheit ist geblieben.« Oder Platens *Tristan*-Gedicht: »Wer die Schönheit angeschaut mit Augen, ist dem Tode schon anheimgegeben«. Als Heinrich Heine in die Lagunenstadt reiste, sah er mehr das Shylocksche Venedig, das jüdische Venedig. Der Tod in Venedig hat für uns Heutige das Magische noch verstärkt dank Thomas Mann, Gustav Mahler und Luciano Visconti.

Heinz Mack spricht von Wahl- und Sehverwandtschaften zwischen Orient und Okzident. Bearbeitet er dies in seinen Werken?

Die Ausstellung in Teheran trug den Titel »Wahlverwandtschaften«, und es ist die Aufnahme, die Reprise des Goethe-Titels, seines Buches von 1809, in dem er selber eine seelische Dimension intimer Nähe offenbart: Ottilie, die sich aus sittlicher Verantwortung opfert und eine Art bürgerliche Märtyrerin ist. Das Ornamentale in seiner ganzen, auch architektonischen Vielfältigkeit ist die Basis von Macks Empfindung der Wahlverwandtschaft so wie für Goethe der Dichter Hafiz die innere, die gedankliche Brücke war. Goethe hat sich mit Hafiz identifiziert, hat ihn als Zwillingsbruder wahrgenommen, der 600 Jahre früher gelebt hat. Und Mack hat diesen Zusammenhang zwischen Goethe und Hafiz gesehen und auch mittelbar einen Prozess der Nähe erlebt. Wenn Sie so wollen, ist es das Menschheitliche, das da in großen Künstlern zu Tage tritt.

Welches ist Heinz Macks größtes Verdienst?

Er ist für mich ein Weltkünstler. Er ist einer, der es mit seiner Bildsprache geschafft hat, dass die deutsche bildende Kunst nicht nur wieder den Anschluss an die internationale Kunst gefunden hat, sondern dass sie selber Zeichen setzen konnte und eine eigene Sprache gefunden hat. Er hat Farben sprechen lassen. Den Begriff des Regenbogens, der die natürlichste Form ist, nach der wir die Chromatik empfinden, hat Mack aufgegriffen, anders als seine Kollegen. Das grenzt ihn ab, denn andere haben einzelne Farben erwählt, er hat die gesamte Chromatik genommen. Er kommt vom Schwarz-Weiß, hat auch später wieder Schwarz-Weiß gearbeitet. Aber der Kern bei Heinz Mack ist die Chromatik. Die zarte Übergänglichkeit ist bei ihm so reich wie der Regenbogen.

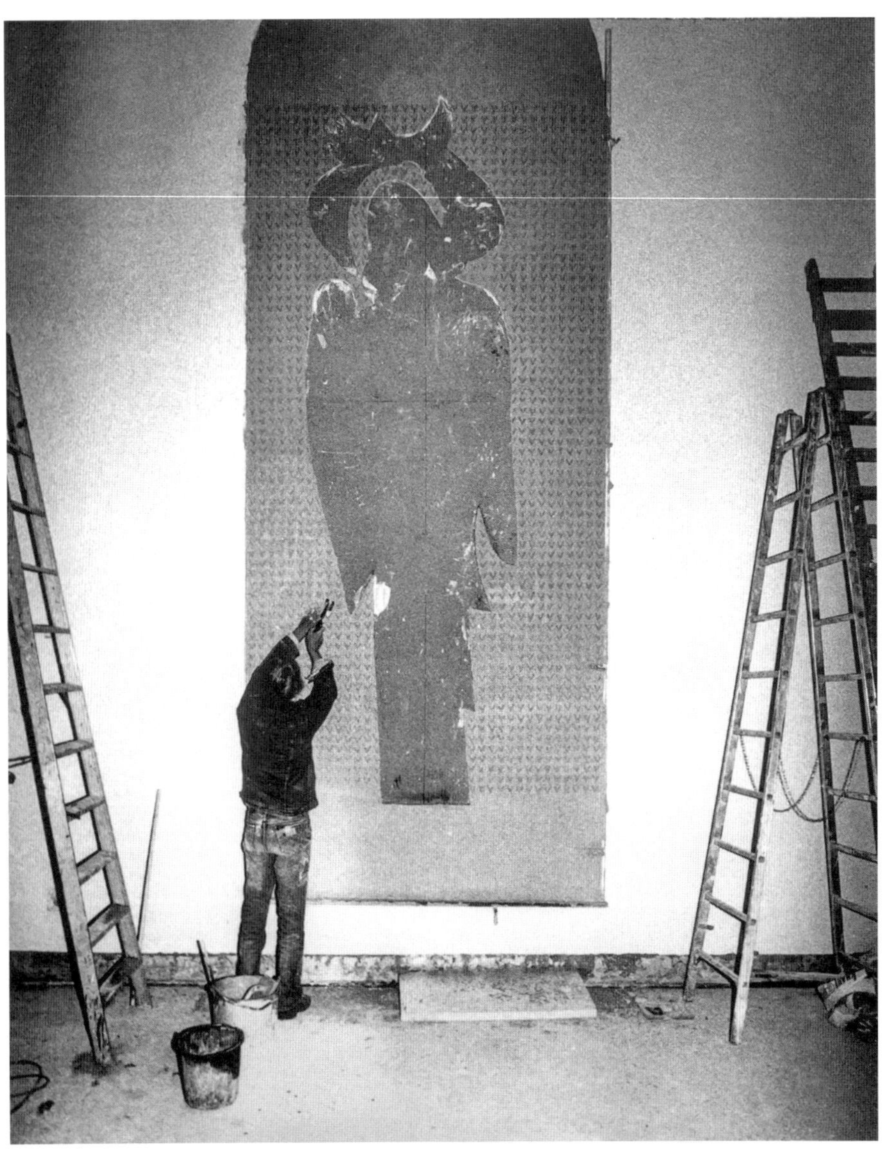

Heinz Mack bei der Ausführung
der ersten *Engelmetamorphose*

FRIEDHELM HOFMANN

Herr Bischof Hofmann, der Künstler Heinz Mack gehört keiner Konfession an und doch haben Sie ihn Mitte der 1980er Jahre beauftragt, ein sakrales Kleinod am Niederrhein – die Kapelle des ehemaligen Collegium Marianum – neu zu gestalten. Wie kamen Sie auf Mack?

Heinz Mack ist einer der großen noch lebenden ZERO-Künstler, die nach dem Zweiten Weltkrieg in Deutschland eine neue Dimension von Kunst auf den Weg gebracht haben. Seine großen Installationen in der Sahara und in Grönland hatten ihn neben seinen zahlreichen Licht- und Steinskulpturen weltberühmt gemacht.

Was ist es an und in Macks Kunst, das sie geeignet macht zu diesem Auftrag?

Mich interessiert sein innovativer Kunstansatz, der einen spannenden Dialog zwischen Philosophie und Theologie möglich machte. Er ist nicht nur ein bedeutender Künstler, sondern auch ein kommunikativer Mann, der den Austausch mit den anderen großen Künstlern dieser Zeit pflegt. Ich möchte nur aus den 1950er Jahren Georges Mathieu, Jean Tinguely und Yves Klein erwähnen. Mack ist in der Lage, neue Räume des Erlebens und der Faszination zu erschließen.

Der Abstraktionsgrad und der Autonomieanspruch zeitgenössischer Kunst stehen gewissermaßen gegen einen vertrauensvollen Dialog dieser Künstler mit der Kirche. Warum war das bei Mack anders?

Heinz Mack ist ein philosophisch gebildeter Künstler, dem neben seinen starken künstlerischen Ausdrucksformen auch das Wort zur Verfügung steht. Er vermag sein Wissen und seine Gedanken so zu artikulieren, dass eine sehr lebendige Kommunikation möglich ist. Auf diese Weise konnte

im Dialog auch der Spannungsbereich von Figuration und Abstraktion ausgiebig zur Sprache kommen.

Halten Sie die Spaltung in eine spirituell anspruchsvolle Kunst außerhalb der Kirchen und eine davon getrennt existierende Kirchenkunst endgültig für überwunden?

Eine solche Spannung sollte es eigentlich nicht geben. Jede Kunst – sofern sie dies auch ist – ist meines Erachtens eine geistgewirkte. Das heißt: Kunst weist über sich selbst hinaus, unabhängig von Stilrichtungen oder Formfragen. Es geht bei der Auftragsvergabe um das künstlerische Vermögen und den Willen des Künstlers, in einem Kirchenraum zu arbeiten.

In Ihrem Katalogbeitrag zu Macks Kirchenkunst zitieren Sie Pater Couturier, der als einer der Ersten profane Künstler mit der Aus-

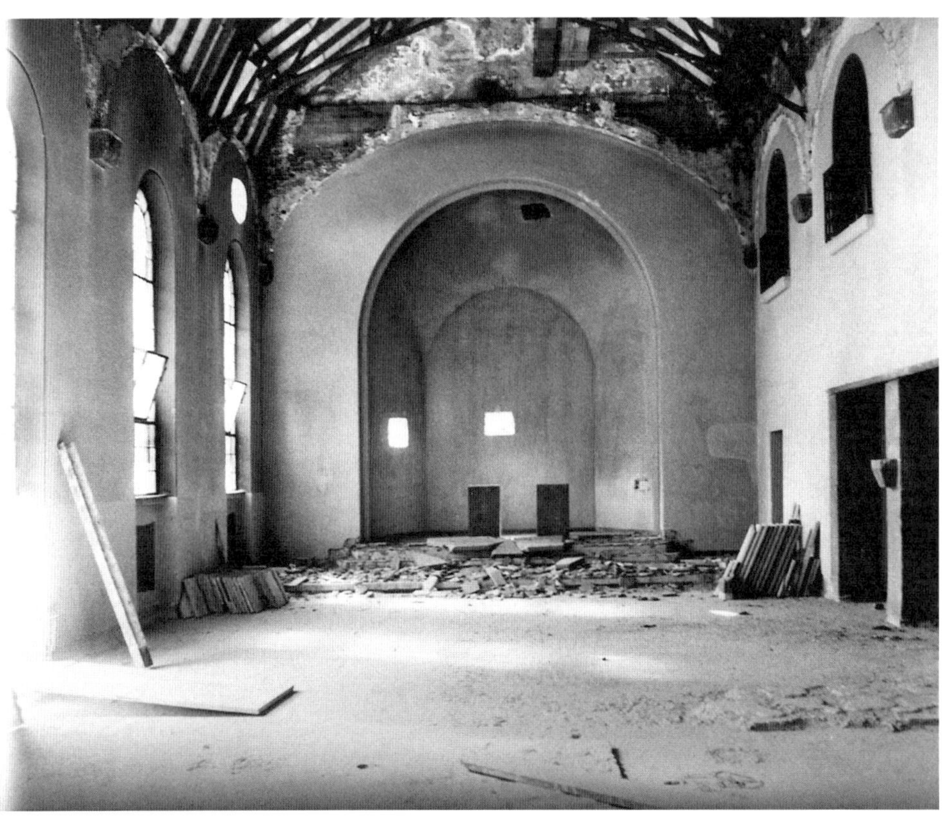

Kapelle des ehemaligen Collegium Marianum Neuss
vor der Restaurierung, 1986

gestaltung der Marienkirche in Assy beauftragt hatte. Der Pater hatte appelliert: »Für die religiöse Kunst wird es immer das Ideal sein, geniale Menschen zu finden, die Heilige sind. Aber wenn diese fehlen, ist es sicherer und wirksamer, an ungläubige Genies zu appellieren, statt an Gläubige ohne Talent.« Teilen Sie diese Überzeugung?

Ich hoffe sehr, dass der schon von Pater Couturier gemachte Ansatz auch zukünftig greift. Dies ist aber nicht von ihm als Erstem praktiziert worden. Große Kunst in der Kirche ist auch schon früher nicht unbedingt von Heiligen geschaffen worden.

Mit dem Anspruch, aus einem heruntergekommenen neobarocken Kapellenraum von 1908 ein geistiges Faszinosum zu gestalten, ließ sich Heinz Mack 1986 auf das Abenteuer ein, in dem vorhandenen Baukörper mit festgefügter Architektur etwas völlig Neues zu schaffen. Welcher Funktion musste dieser Kapellenraum gehorchen?

Diese Kapelle diente damals dem Collegium Marianum, das eine diözesane Ausbildungsstätte für Internatsschüler gleichermaßen wie für Studierende des Abendgymnasiums war. Hier sollten mögliche Berufungen für Priesteramtskandidaten reifen können.

Wissen Sie, woher Mack seine Inspirationen bezog – haben Sie damals viel miteinander gesprochen?

Ja. Heinz Mack hat ausgiebig mit mir über die Bedeutung dieses Kirchenraumes für die Studierenden des Marianums gesprochen. Aber er hat auch viele weiterführende Gespräche mit dem damaligen Direktor, Monsignore Hans Börsch, geführt. Hier sind grundsätzliche Themen zur Sprache gekommen und diskutiert worden.

Mack ist ein Lichtkünstler wie kein Zweiter. Mag er auch weniger, wie Sie einmal sagten, den Bedeutungs- oder Erlösungscharakter von Licht, wie er in der europäischen Kunstgeschichte seit dem Mittelalter nachweisbar ist, berücksichtigen, so verknüpfen Sie sein Schaffen doch mit Plotin [205–270 n. Chr.], bei dem es heißt:

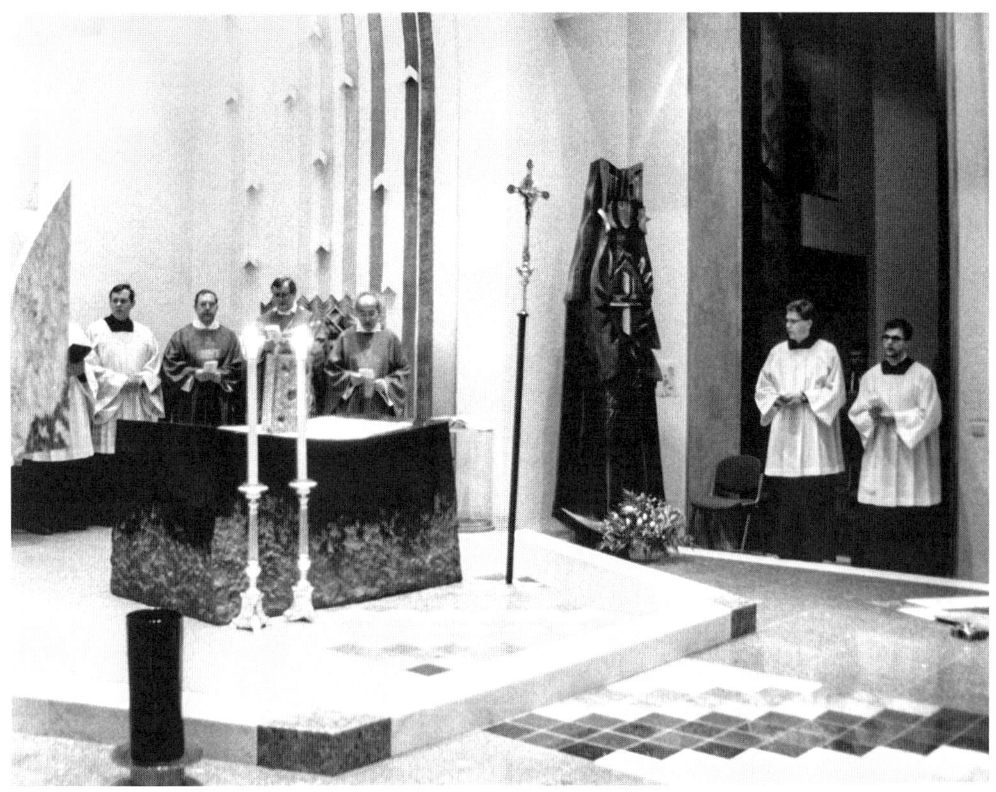

Konsekration in der Kapelle, 1988

»Alles ist durchsichtig, es gibt kein Dunkles. Selbst Licht ist dem Licht durchsichtig.« Sind es solche Überzeugungen, von denen Heinz Mack durchdrungen ist?

Der Künstler hat in solchen Gesprächen sehr deutlich gemacht, welche Bedeutung die Lichtmetaphysik bei Plotin für ihn hat. Vieles davon kann ich bejahen. Ich habe ja in dem von Ihnen angesprochenen Artikel versucht, deutlich zu machen, dass Plotin als Begründer des Neuplatonismus mehr Mystiker als Philosoph war. Ihm ging es um ein Freilegen des Seinsgrundes im Menschen als Voraussetzung für das Erkennen des Vorhandenen. Das Erfassen des Lichts als geschöpfliche Realität ist darum zugleich auch ein Ringen um die Erkenntnis des unerschaffenen Lichts.

Mack ist kein Architekt. Wie ist er also vorgegangen bei der Kapellen-Neugestaltung, etwa bei der Entkörperlichung der Wände, die bekanntlich im Mittelalter schon eine Faszination auf die Menschen ausübte?

Der bisher architektonisch belanglose Kapellenraum wurde für Heinz Mack eine Herausforderung. Obwohl er kein Architekt ist, reizte ihn die Umgestaltung der Architektur in ein Gesamtkunstwerk. Die Entkörperlichung der Wände in der Gotik und der damit verbundene Einstieg in das Metaphysische des Glaubens sollten auch in der neuen Kapelle des Marianums erlebbar werden.

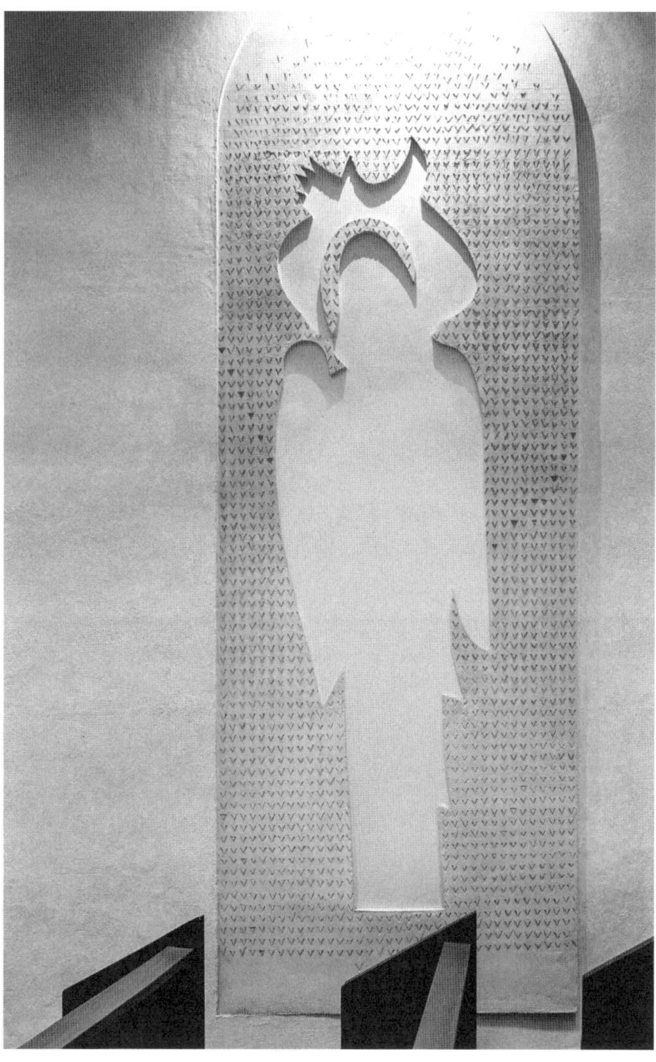

Engelmetamorphose von Heinz Mack

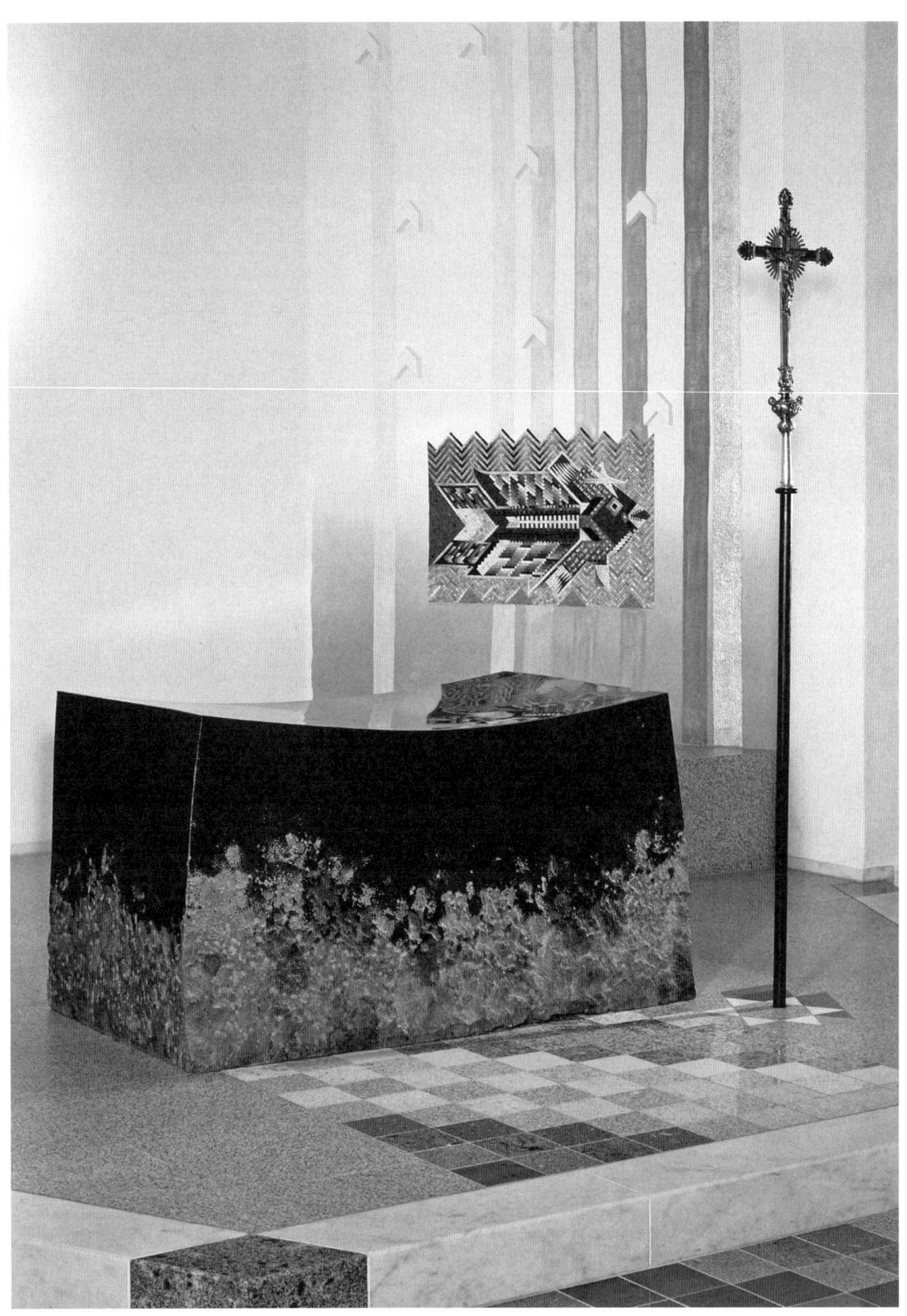

Altar-Raum mit historischem Vortragekreuz und Mosaik

Über das Lichtkreuz in der Chorapsis, die Lichtschranke, die Fenster und Engelreliefs sagten Sie einmal, dass diese im Zusammenklang von natürlichem und reflektiertem Licht vielfältige Möglichkeiten in den anagogischen Weg eröffnen. Wie geht dieser Weg und wohin führt er?

Gerade die Lichtmetaphysik des Mittelalters war ein wesentlicher Impulsgeber für den Umgang mit den Fenstern, den gegenüberliegenden Engelsgraffiti, der Lichtschranke und dem beeindruckenden Lichtkreuz. Ausgehend von der Erfahrung des geschaffenen Lichts sollte der Überstieg in das unerschaffene Licht ermöglicht werden.

Wovon künden Macks wundervoll getönte Fenster?

Die Fenster erschließen vom Kapelleneingang bis hin zum Altarraum über eine Farb- und Lichtstufung den Weg der Schöpfung. Ohne im eigentlichen Sinne narrativ zu sein, greifen sie die Bilder der Genesis auf und sprechen fast im Rhythmus der Siebentageschilderung von der Erschaffung des Lichts und dem Werden des Kosmos über die Entwicklung des Lebens auf der Erde bis hin zur Kreation des Menschen.

Wie treten wir beispielsweise den Engeln gegenüber?

Dieser Fünferreihung gegenüber entwickelt Mack – ausgehend von einem Engelzitat vom Schrein des heiligen Maurinus um 1170 – einen sechsflügeligen Seraphen über die Fläche, dann zur Linie und schließlich in den Punkt in vibrierende Kraftströme. Die unfassbare Dimension dieser Geistwesen wird hier vom anschaulichen Bild gleichsam in die nicht mehr darstellbare Transzendenz geführt.

Wie bewerten wir das Kreuz, die Sternenwand?

Das große Lichtkreuz in der Altarapsis empfängt das natürliche Tageslicht durch die Außenwand so, dass es als immaterielles Licht empfunden wird. Das Kreuz wird hier vom Märtyrersymbol zum großen Siegeszeichen. Die Lichtanordnung der Kapelle findet hier ihren abschließenden Höhepunkt.

Auch eine Marienskulptur hat Heinz Mack, der Bildhauer, erschaffen. Ist sie nicht überraschend abstrakt, noch dazu eine Bronze?

Die große bronzene Marienstatue setzt einen starken Akzent in Richtung kosmologische Theologie. Maria wird hier als die im 12. Kapitel der Offenbarung des Johannes vorgestellte apokalyptische Frau wiedergegeben. Die vom Sternenkranz gekrönte, von der Sonne bekleidete und auf dem Mond stehende Frau steht in unterschiedlicher Ausdeutung für das Gottesvolk des alten, des neuen Bundes und an deren Schnittstelle für Maria, die Mutter Gottes.

Drei Kirchenräume hat Heinz Mack bisher künstlerisch aufgeladen. Wie bewerten Sie das Gesamtergebnis?

Mit Heinz Mack engagiert sich ein bedeutender zeitgenössischer Künstler im Kirchenraum, der das Detail immer mit einer Gesamtsicht verbindet. Sowohl in St. Theresia in Kaiserslautern als auch in der Kapelle des Altenpflegeheims Haus St. Elisabeth in Mettmann und erst recht in der Kapelle des Collegium Marianum in Neuss bringt er den alten Gedanken der Lichtmetaphysik in ein neues Spannungsfeld. Er vermag durch seine Kunst neue Erlebnisräume zu erschließen, die faszinieren und über das unmittelbar Anzuschauende die Möglichkeit eröffnen, in tiefere Dimensionen einzudringen.

Wenn Sie heute in der Mack-Kapelle in Neuss beten, wie fühlen Sie sich dann?

Die jetzige Kapelle umfängt mich wie eine Lichtschranke, die zugleich ein bergender Raum ist und wie eine Jakobsleiter zur unerschaffenen Lichtquelle führt. Natürlich ist für mich dieser Kirchenraum der Ort der Gottesdienstfeiern und der Realpräsenz Christi in der Eucharistie. Aber das bis in die kleinsten Details künstlerisch vollendete Gesamtkunstwerk gibt auch durch die Sprache der Kunst dem Besucher die Möglichkeit, etwas von der Größe und Schönheit Gottes zu erahnen. Wenn ich in diesem Kirchenraum sein kann, dann fühle ich mich geborgen und von Gott berührt.

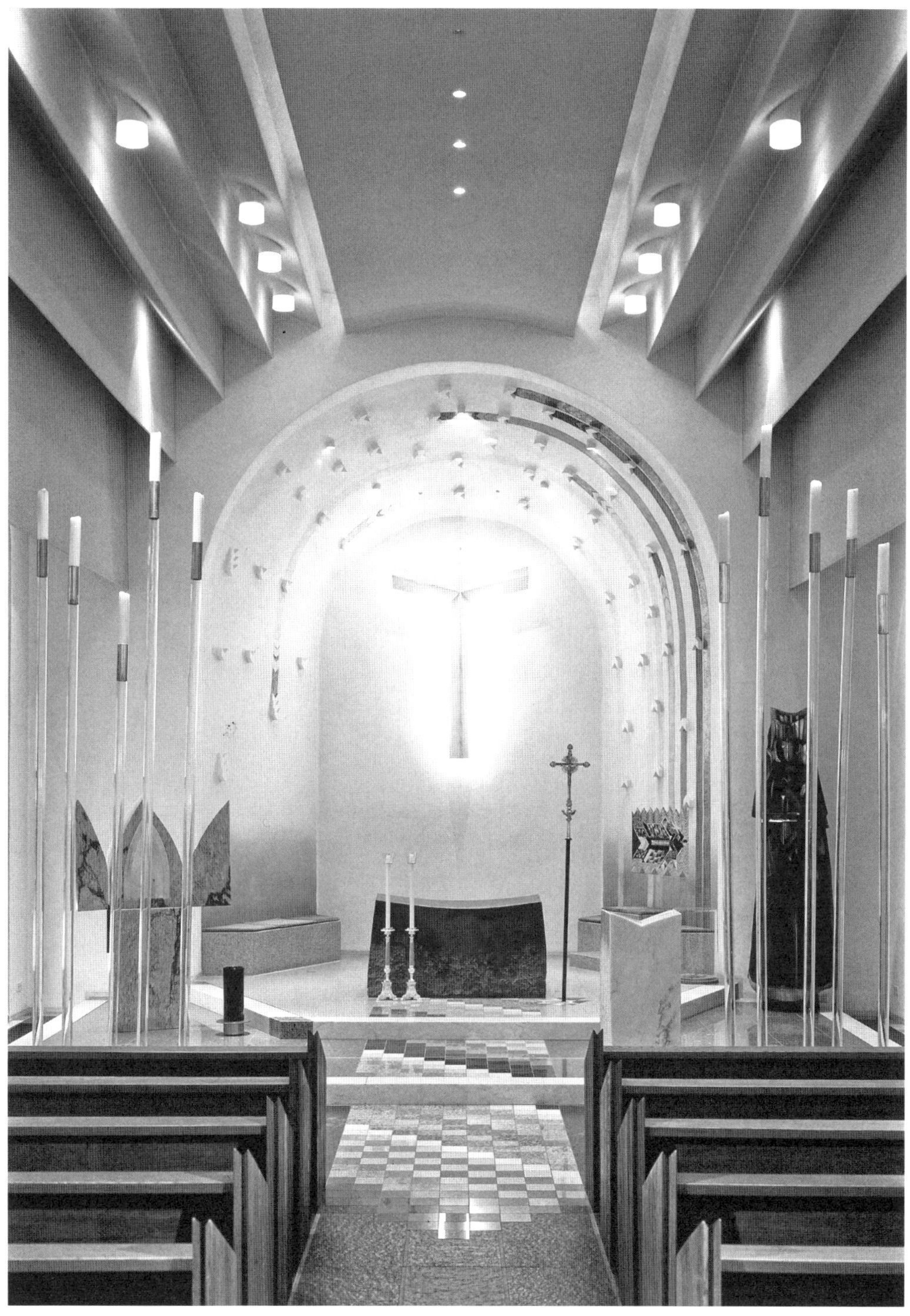

Blick in die Kapelle

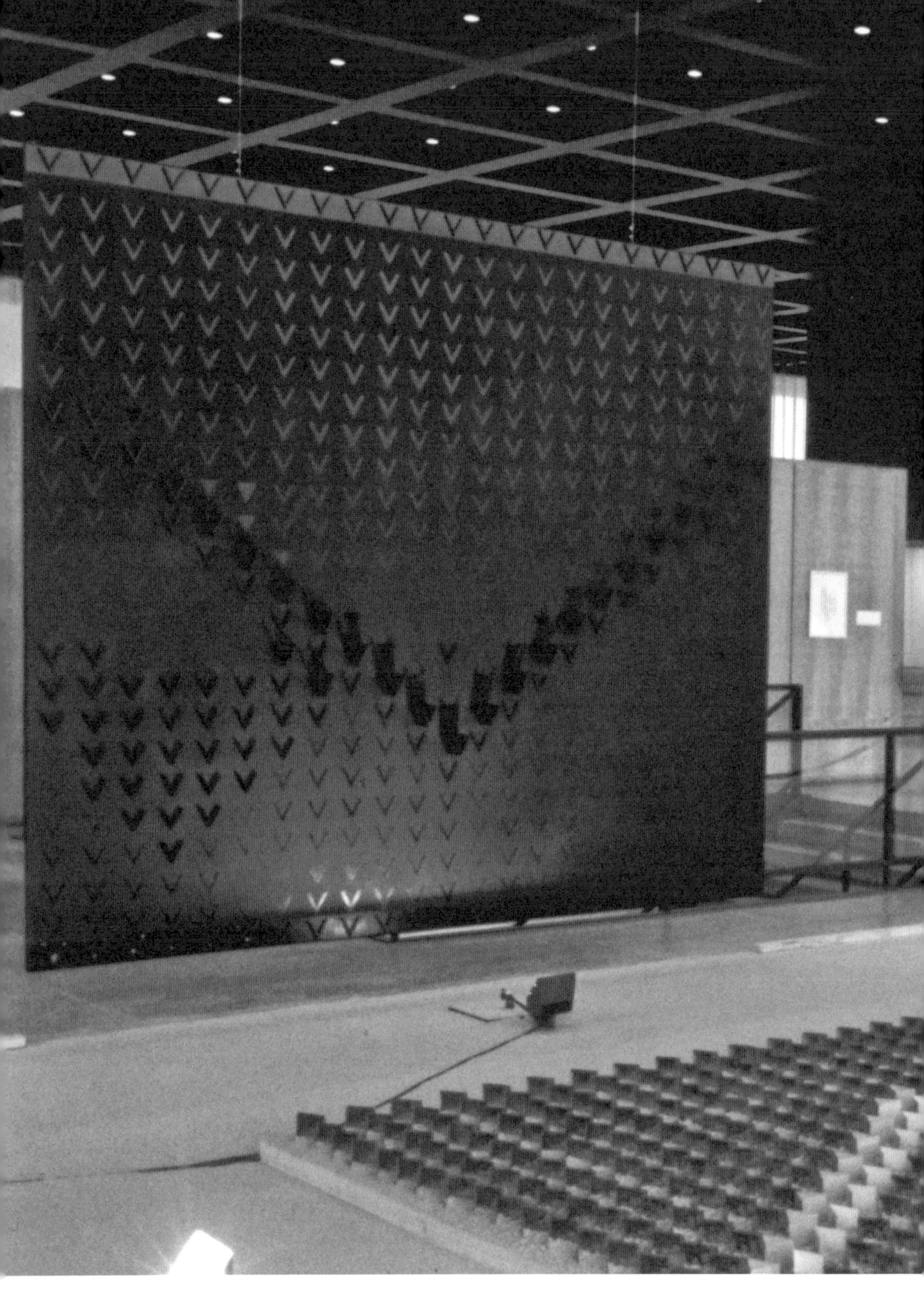

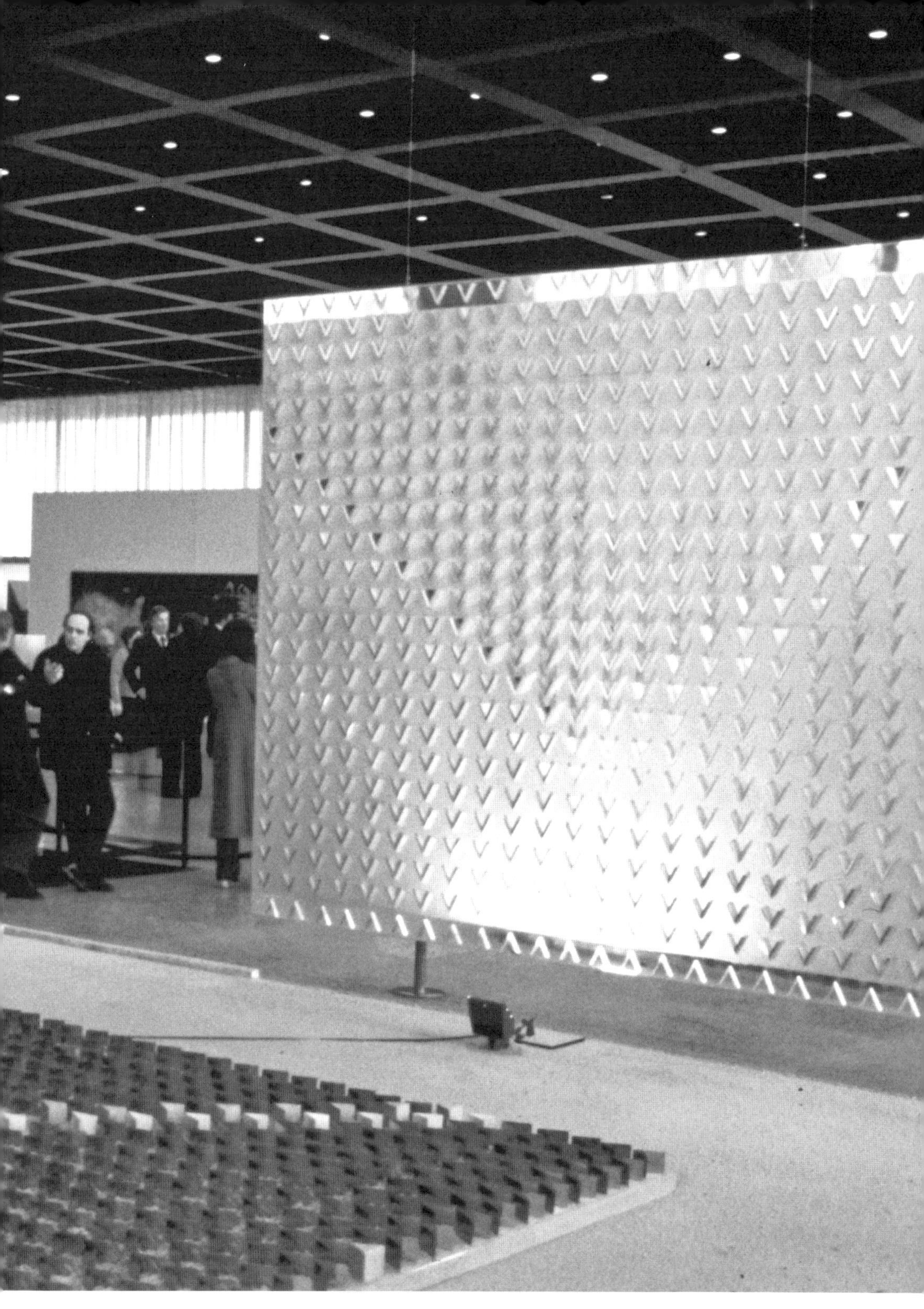

Die Jahreszeiten der Wüste, 1974-76
Ausstellung in der Nationalgalerie Berlin, 1976

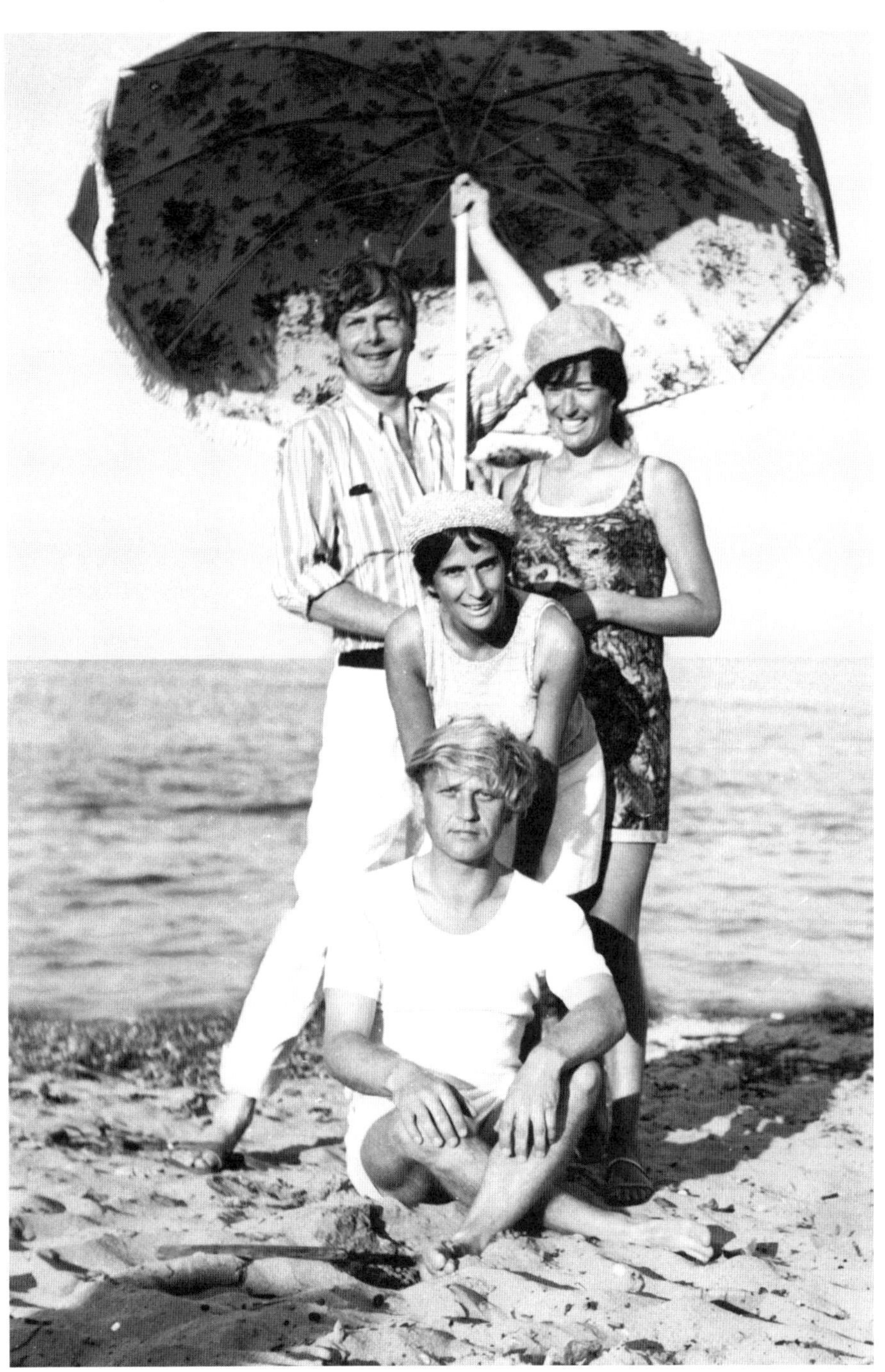

Fritz und Anja Bagel mit Michi Michaelis und Heinz Mack um 1968

FRITZ BAGEL

Herr Bagel, Sie sind über Jahrzehnte ein Wegbegleiter des Künstlers Heinz Mack, sein Freund und Mäzen. Wann haben Sie sich kennengelernt?

Das muss 1962 in Düsseldorf gewesen sein. Aber an diese Begegnung kann ich mich im Detail tatsächlich nicht mehr erinnern.

Mack beschreibt Sie als integer, unprätentiös, klar und nüchtern. Wie beschreiben Sie Heinz Mack?

Ehrlich, spontan und temperamentvoll. Er ist natürlich wie jeder Künstler mit einem gesunden Maß an Egoismus ausgestattet. Anders könnte er seine Dinge nicht vorantreiben. Er würde sich ja nicht durchsetzen.

Sie gehören zu einer berühmten Industriellen-Familie, die seit mehr als 130 Jahren mit »Persil« und unzähligen modernen Folgeprodukten weltweit erfolgreich ist. Gab es bei Henkels zu Hause immer schon eine Affinität zur Kunst?

Das kann man so sagen. Meine Mutter Ilse Elisabeth Henkel hatte keinen Beruf. Sie musste mit den Kindern durch den Krieg kommen. Sie war eine kultivierte Frau und Mitbegründerin des Freundeskreises Bayreuth. Sie hat uns auf die Kunst gebracht. Sie hat schon sehr früh gesammelt. In den 1930er Jahren kaufte sie beim Kunsthändler Alfred Flechtheim ein, der ein Freund eines ihrer Freunde war. Damals hat sie die für damalige Zeiten modernen Maler gesammelt, Karl Hofer oder Heinrich Nauen. Wir Kinder fanden das blöde. Sie war tatsächlich weiter als wir. Sie ist mit uns in Museen gegangen. Wir waren also schon früh eingeführt. Wenn auch nicht begeistert, wussten wir, worum es ging.

Welche Rolle spielt in Ihrem Leben die Kunst?

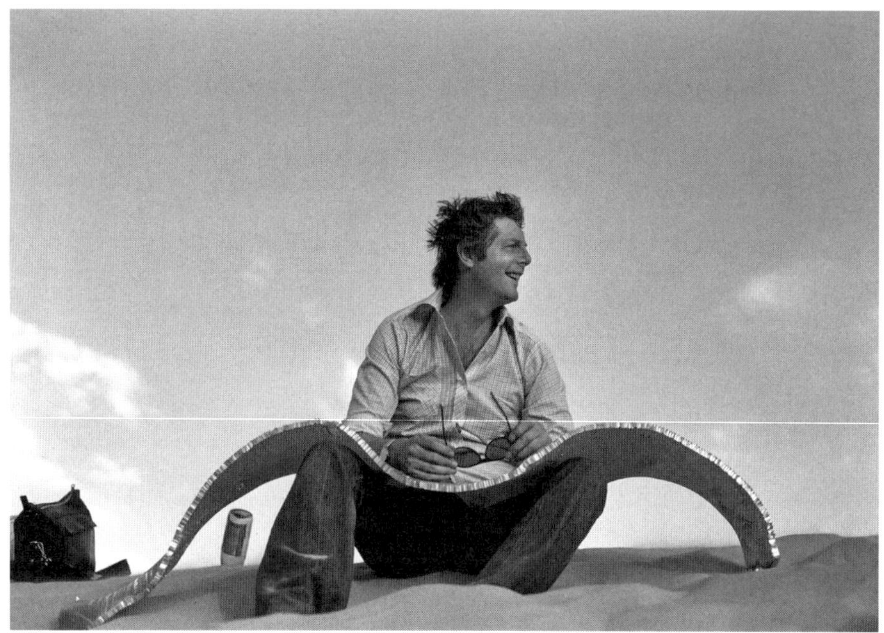

Fritz Bagel bei der Wüsten-Expedition, 1971

Mit Mack fing alles an. Es durfte nichts Bildhaftes sein. Ich war wie viele andere in dieser Zeit begierig nach der Moderne, nach der Kunst, die sich gerade ereignete.

In den 1960er und -70er Jahren ging man gerne zu Bagel, erzählt man sich noch heute in Düsseldorf. Unterhielten Sie einen Salon nach französischem Vorbild?

Das nicht. Aber wir hatten öfter Stehpartys, woran meine erste Frau Anja schuld war, denn sie war sehr kontaktfreudig. Hin und wieder luden wir eine illustre Gesellschaft von vielleicht 50 Menschen zu uns ein, darunter immer viele nette und hochinteressante Gesprächspartner, Politiker und Künstler. Wir diskutierten damals über Existentialismus und natürlich über die Kunst. Einmal war die französische Chansonsängerin Juliette Gréco zu Gast. Mack war an diesem Abend auch da und in Bestform. Später hat er mit ihr getanzt.

Wie waren Ihre ersten Erfahrungen mit ZERO? Was gab Ihnen diese junge Kunst von Heinz Mack?

Diese Richtung hat mir gefallen. Das Bild war weg, das Bild war überwunden. Sonst kann ich dazu nichts Spezifisches sagen. Kunst sagt einem etwas oder nicht. Man muss etwas dabei fühlen. Das ist das ganze Geheimnis.

Welche Werke besitzen Sie von Heinz Mack?

Es sind schon einige, die Anzahl kann ich nicht benennen. Meine Töchter Friderike und Simone sammeln auch Mack. Ihre Mutter pflegte intensiven Kontakt zum Künstler.

Es gibt ein Foto von Ihnen und Heinz Mack am Strand von St. Tropez, mit zwei Frauen posieren Sie unter einem großen Sonnenschirm. Man ist sofort erinnert an das berühmte Picasso-Foto, das Robert Capa machte. Darauf beschirmt der Maler seine Frau Francoise Gilot. Haben Sie die Szene damals, es war wohl 1968, nachstellen wollen?

Ach, es war vielmehr eine Schnapsidee. Wir haben ein Haus in Südfrankreich. Die Zeiten waren anders als heute. Und sie waren schöner, weil wir

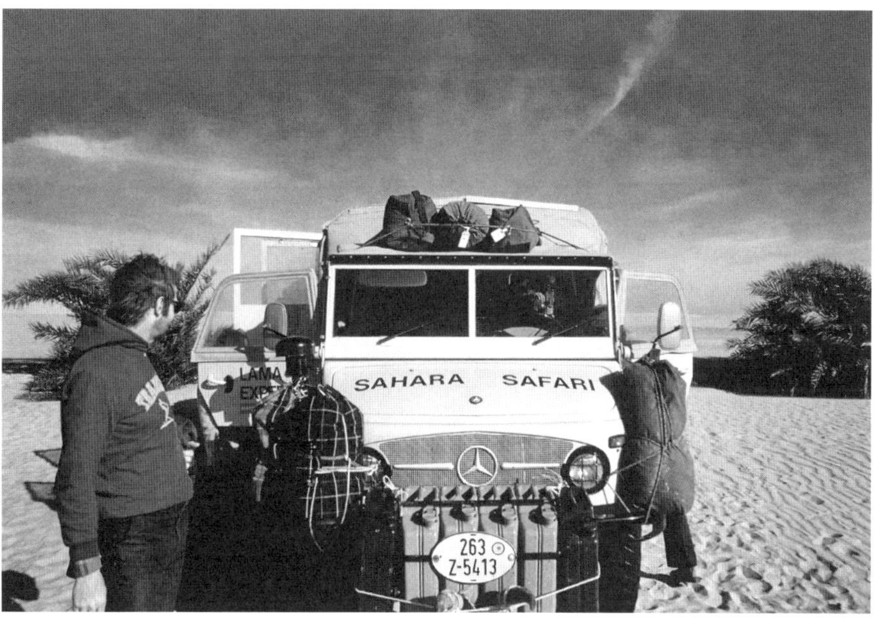

Fritz Bagel bei der Wüsten-Expedition, 1975

jung waren. Es gab anfangs noch kein Fernsehen. Man lebte nicht so zerfleddert wie heute. Das Leben war langsamer, intensiver, ohne Handy und ohne den ständigen Zwang, auf eine Party gehen zu müssen. Wir hatten Heinz Mack eingeladen, der mit seinem damaligen Sportwagen, einem Jaguar E-Type, anreiste. Wir verbrachten heitere Tage mit meiner ersten Frau Anja und seiner späteren Frau Michi. Wenn ich daran zurückdenke, denke ich an eine mediterrane Zeit.

Sie reisen viel und gern. Das verbindet Sie mit Heinz Mack. Gemeinsam haben Sie auch ferne Reisen unternommen. Wo führte Sie das hin?

Alle fuhren gern mit ihm in die Wüste. Reisen verbindet. Aber die Aufgaben, die Sie am ersten Tag übernehmen, bleiben die Ihren über die ganze Reise. Man tut alles miteinander, man muss sich aufeinander verlassen können. Zu zwölft sind wir mit meiner zweiten Frau Gisela einmal mit einem Unimog aufgebrochen, der Künstler Ruprecht Geiger war auch dabei. Wir hatten einen Karawanenführer dabei, der die Wüste kannte. Zum Glück, denn GPS gab es damals noch nicht. Ein anderes Mal waren wir wieder in der Wüste mit einem Bundeswehr-LKW. Dieser Sahara-Trip war noch intensiver, weil andere Leute dabei waren. Als wir das zweite Mal kamen, wurde Heinz Mack schon an seinen fliegenden Haaren erkannt. Es ereignete sich überhaupt viel Komisches. Ein Mann und eine Frau in der Gruppe, beide 60 Jahre alt, verliebten sich ineinander. Bei einem nächtlichen Spaziergang trafen sie auf eine Karawane mit Kamelen, die nahezu lautlos unterwegs war. Sie wurden aufgeschreckt durch die laute Stimme des Führers, der bittend ausrief »cadeau, cadeau« [Geschenk, Geschenk]. Er wollte ihnen mitten in der Wüste und mitten in der Nacht Geschenke verkaufen. Ich habe Heinz Mack auch in die Sahara begleitet, als er für die Illustrierte »Stern« unterwegs war. Ich machte damals viele Fotos, die Heinz Mack später verwenden konnte – copyrightfrei.

Das Reisen ging damals noch anders?

Ja, man konnte noch was erleben. Dann kam Silvester, und Heinz Mack erzählte uns, dass er eigentlich beim damaligen Bundespräsidenten Walter Scheel eingeladen war. Ihm war diese Reise mit uns wichtiger als ein Besuch bei Walter Scheel. Daran sieht man, welche Prioritäten er setzte.

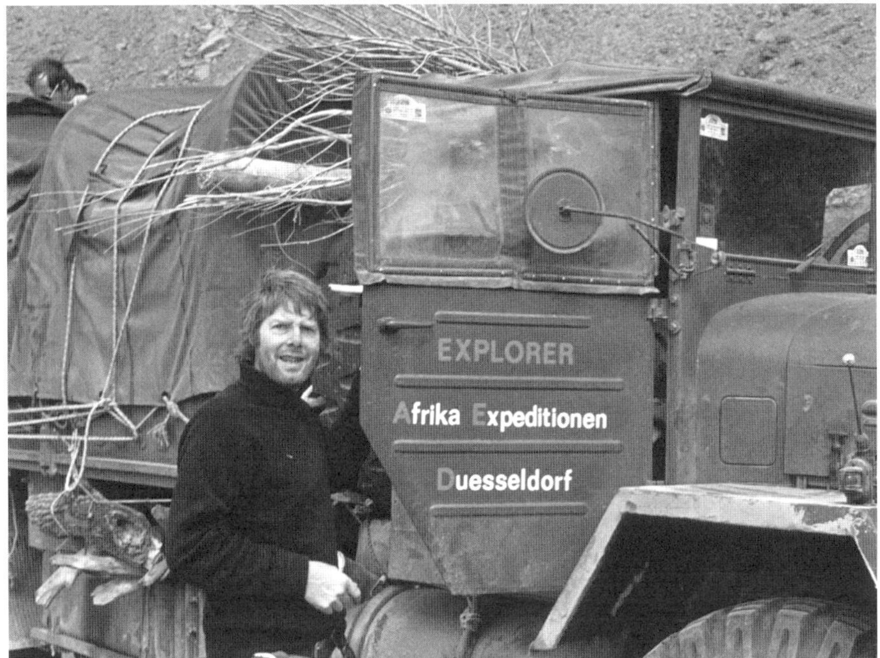

Fritz Bagel bei der Wüsten-Expedition, 1971

Und dass er etwas Besonderes war. Jeder andere wäre doch zu Scheels feiern gegangen.

Wie ist Ihr Kontakt heute, wie oft verabreden Sie sich mit Heinz Mack?

Vielleicht vier Mal im Jahr. Meist gehen wir in Mönchengladbach italienisch essen. Wir sind uns in vielem einig, ich würde sagen, wir sind intime Freunde. Ich bin nicht sein Kunstberater, sondern wir reden über die Widrigkeiten des Alltags miteinander. Wir müssen die kleinen Dinge nicht groß diskutieren.

Sie sind ein leidenschaftlicher Koch, was bereiten Sie zu, wenn Heinz Mack einmal zu Ihnen nach Hause kommt?

Ich habe große Freude an Gewürzen aus aller Welt. Aber er will immer von mir das Gleiche essen: Mehlklöße mit Weinschaumsoße. Die bekommt er dann auch. Das muss ich jetzt bald noch einmal kochen.

Zurück zur Kunst: Haben Sie die zentrale Bedeutung des Lichts im Werk von Heinz Mack verstanden? Ist es das, was Sie anzieht?

Letztes Jahr bin ich nach Venedig gereist, um mir die Installation *The Sky Over Nine Columns* auf San Giorgio anzusehen. Dieses Kunstwerk finde ich einmalig. Besonders die Mosaike gefallen mir, mit denen die Pfeiler überzogen sind.

Und wie stehen Sie zur Malerei von Heinz Mack?

Ich finde sie sehr schön, aber es wird sicher noch einige Zeit dauern, bis ich sie für einen echten Mack ansehe. Es ist immer schwer für Künstler, in einer über Jahrzehnte währenden Schaffenszeit etwas Neues zu entwickeln und sich dabei nicht von ihrem erfolgreichen Ursprung zu entfernen. Wenn sie es dann tun, dann dauert es lange, bis es wieder als typisch anerkannt wird. Wenn man ZERO vor Augen hat, dann denkt man, Piene ist durch sein Feuer bekannt, Uecker durch die Nägel und Mack durch die Flügel, durch das Silber. Der »typische« Mack ist der »alte« Mack. Die wellenförmigen Strukturbilder, die mit Sand bestreut sind, die Kinetik, das runde geprägte Aluminium vor Wellglas, die Stelen. Das bewundere ich.

Wie sehr sind Sie Macks Mäzen?

Hin und wieder bin ich das gerne, ich gebe kleinere Summen für ein Katalogbuch etwa. Es ist mir ein Anliegen, ihn und seine Arbeit zu unterstützen. Er kann ja nicht alles bezahlen. Die Ausstellungen sind heute sehr teuer, die Kataloge nicht minder.

Wie vertraut sind Sie miteinander?

Wir können uns alles sagen. Was wir besprechen, wird nie als Schwäche für den anderen ausgelegt. Und wir sind verschwiegen. Heinz Mack kann bei uns um drei Uhr nachts schellen. Und ist er in Not, dann helfe ich ihm hundertprozentig. Das weiß er. Wir sind wie zwei Indianerhäuptlinge, die gemeinsam vor der Blechhütte sitzen, in stillem Einverständnis.

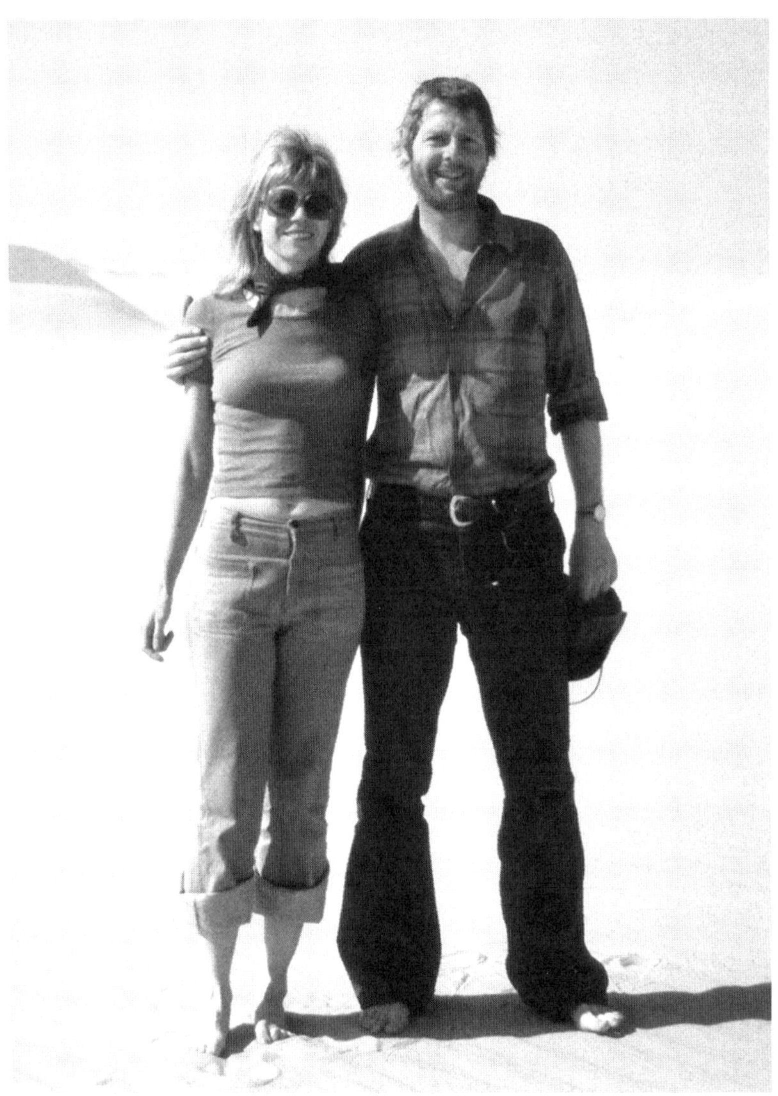

Ingo und Fritz Bagel in der Sahara, 1968

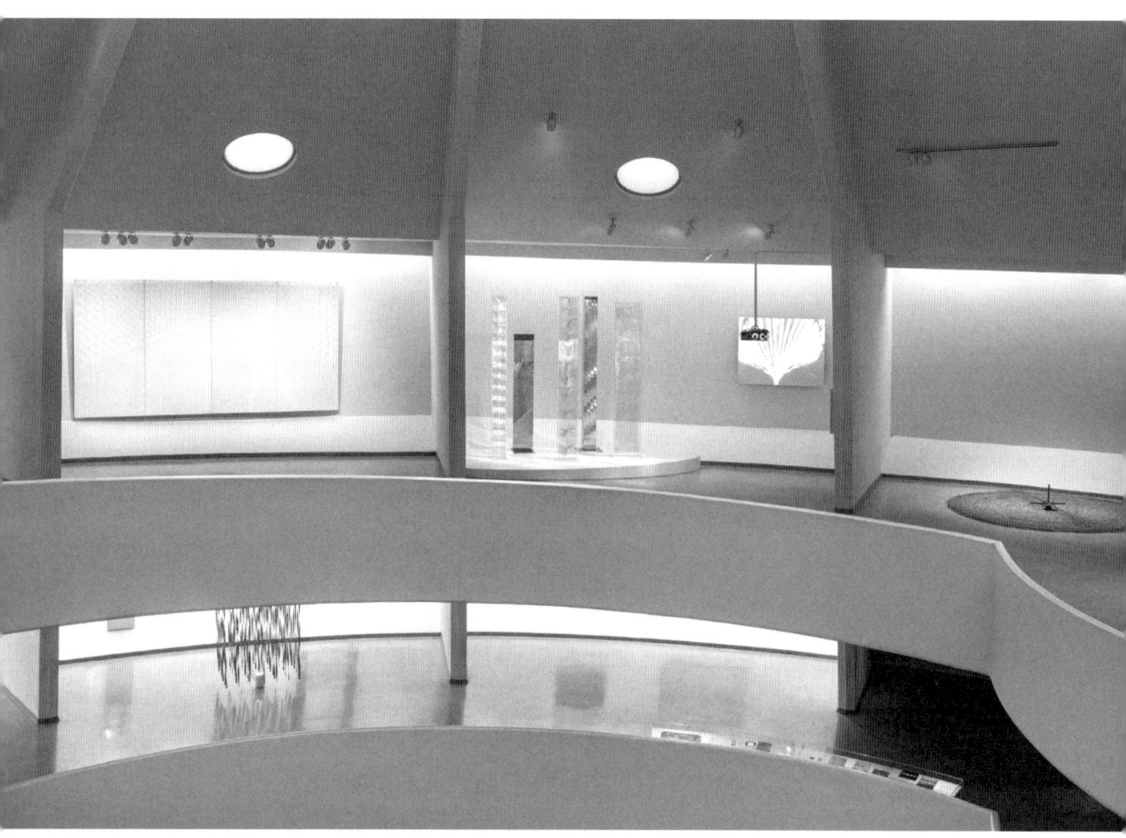

Ausstellungsansicht *ZERO. Countdown to tomorro*
Solomon R. Guggenheim Museum, New York, 20

VALERIE HILLINGS

In October 2014 the ZERO group has been exhibited for the first time in a major US museum. Is the art of the 1960's even valid in this day and age?

In the last decade or so, there has been a strong interest in looking back at the art of the 1960s, incorporating chapters both well known and lesser known. The experimental spirit that defined the 1960s is very much alive and relevant today in both art and society, as is the impulse among artists to connect and collaborate with their contemporaries, both at home and in other countries and on other continents, which came to the fore in the 1960s.

The exhibition was titled "Countdown to tomorrow", referring to tomorrow. Does ZERO have a timelessly significant avantgarde potential?

The exhibition's subtitle was intended to refer on a literal level to the countdown and the rocket, designed by Heinz Mack, which were published at the back of the third and final issue of ZERO magazine in 1961. That rocket appeared on the exhibition catalogue's cover and served as the signature image of the show. On a conceptual level it signals the very essence of ZERO, which entailed an orientation toward the future not the past and a belief in the viability of discovering novel ideas and techniques, including many not yet been imagined. This sense of boundless possibilities and the refusal to simply keep repeating what came before have been cornerstones of avant-garde practice through the centuries.

Concerning the exhibited artists I would like to question you especially about Heinz Mack: Which accomplishment of this German ZERO founder do you most estimate?

It is absolutely clear that Mack's experiments in the desert in the mid-to late 1950s and his 1959 *Sahara Project* occurred very early, nearly a decade before the work of most of artists regarded as pioneers of Earth or Land art. This point sometimes gets lost because he only realized his ideas on a large scale in 1968, when the film *Tele-Mack* was made, and so this date gets associated with the *Sahara Project*. But he wrote about the project and began visualizing it much earlier. It encompasses the various types of works that he was developing in the late 1950s and early 1960s, which emphasized the effects and experience of light more than the actual art objects. His silver reliefs and sculptures as well as his steles that incorporated very of-the-moment materials, including some used the nascent aerospace industry, were part of that visionary project but also an achievement in and of themselves.

Which of his works do you have in mind?

I have in mind both actual works such as his steles and more ephemeral ones, as when he created patterns in the desert sands that looked like his earlier *Dynamic Structures* paintings, reliefs, and *Sand Paintings*.

How is Heinz Mack different from Otto Piene and Günther Uecker? What do they have in common?

There were definitely points in common, which the exhibition in the Guggenheim sought to highlight: the desire to evolve new definitions of painting encompassing the monochrome, serial structures, and everyday, often nontraditional materials; the belief that ostensibly destructive acts or references could be reinvented and enable creation; and a fundamental interest in light, movement, nature, and space. Yet each of them had their own, distinctive vocabularies and approaches. Heinz Mack's use of aluminum and the color silver really stand out, as does his distinctive body of pillar-like sculptures known as *Stelen*. And I have also to recognize his keen graphic design sense and his remarkable use of photography to make ideas that are still on paper appear to be real, to be actual.

Where do you recognize parallels between the ZERO period in Europe and the artistic new beginning in the United States?

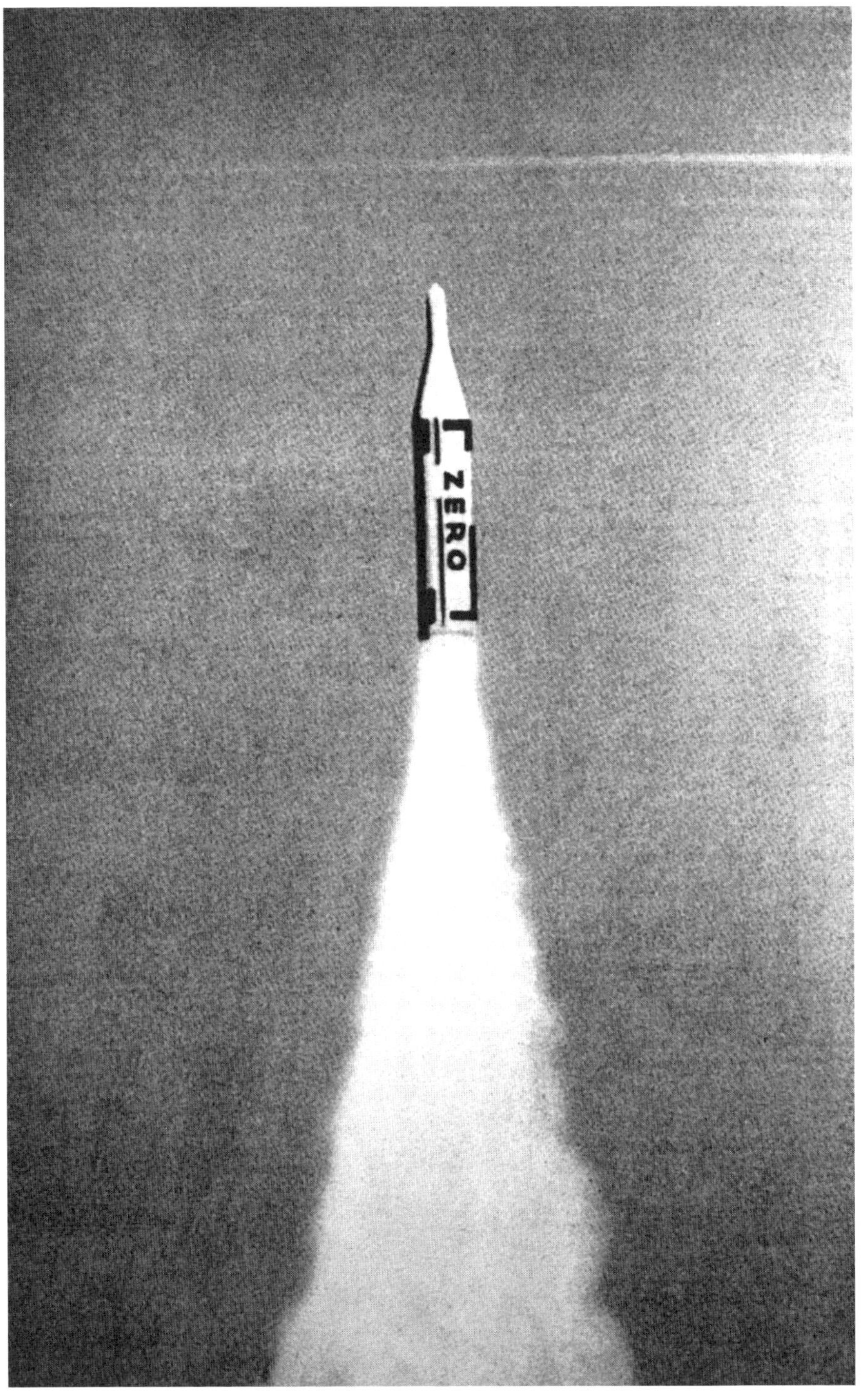

ZERO-Rakete, ZERO Vol. 3, Entwurf Heinz Mack, 1961

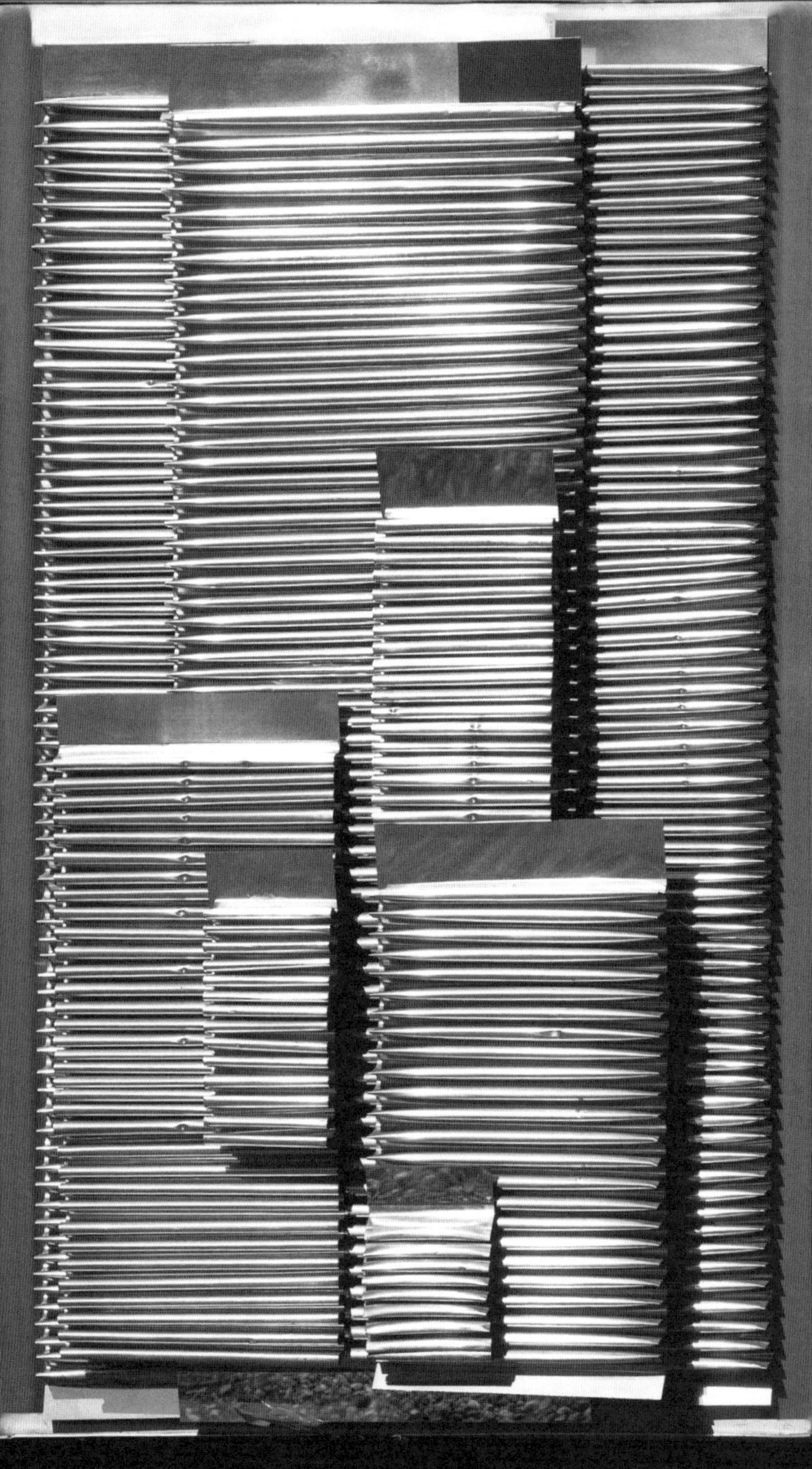

This generation of artists working in Europe and the United States shared a negative reaction against the expressive mode of painting – known variously as Abstract Expressionism, Art informel, and Tachism – that dominated avant-garde art of the late 1940s and 1950s. They didn't want to focus on thick paint and gestural marks that emphasize the artist touch. They also didn't think that painting was the only option and that art could be shown in alternative locales and needn't exist for eternity. You see on both continents a move towards simplification of means and a move into real space, with room-scaled works or installations, and also a use of materials that are often quotidian and industrially or mass produced. There was also the emergence virtually simultaneously of live actions that engage and often activate the viewer; the ZERO artists called theirs "demonstrations". I keep recalling the many artists who called for freedom in art; this view – although maybe better to say this aspiration – was shared by all.

Would you say that ZERO is typically German?

I don't think that ZERO art should be read in terms of nationality; certainly there is no clearly German content. I think that the experience of both growing up and coming of age in Germany in the 1940s-60s did have an impact on how the ZERO artists thought and the art they made, but this has to my mind more to do with being a product of one's time and place.

As an art historian how would you evaluate the ZERO style?

After looking at ZERO art for the last 15 years, I understand that there are certain formal parallels, be it the use of round forms or kinetic elements, which unite the work of these artists. They also pursued some of the same concepts, be it the immaterial, vibration or the relationship of humankind, nature, and technology. It is so clear that the term "Light & Movement" used in the period remains a useful way of talking about ZERO art. But in the end, what I find very interesting is that even where there is commonality, there is quite a lot of difference.

Which of Heinz Mack's works that you had in the exhibition in autumn 2014 do you consider to be his most important?

I feel that the installation that he and I developed together that is focused on the *Sahara Project* is the most important. I also think it was exciting to be able to present a series of works that he showed in the historic "Nul" show at the Stedelijk in 1962, where it's evident that his focus has strongly shifted to three-dimensional work versus painting.

And which is in your eyes his most superb work?

I couldn't name one, but I am especially impressed by his relief *New York, New York*, because it epitomizes his achievements with metal, his ongoing engagement with line as a means of generating a sensation of movement and vibration, and his openness to being influenced by various places in the world.

How has New York responded to ZERO-art?

New York, and the United States, havn't always given European art of this period the recognition it deserves. Much of what we showed in the Guggenheim was somehow familiar to many of our visitors, but the majority of it was new and fresh. My hope before the show was that there will be both an art historical correction – ensuring that this important chapter becomes more widely and deeply known – and a revelatory experience for visitors who will see in these artists's work a striving to embrace dreams, hope, and freedom.

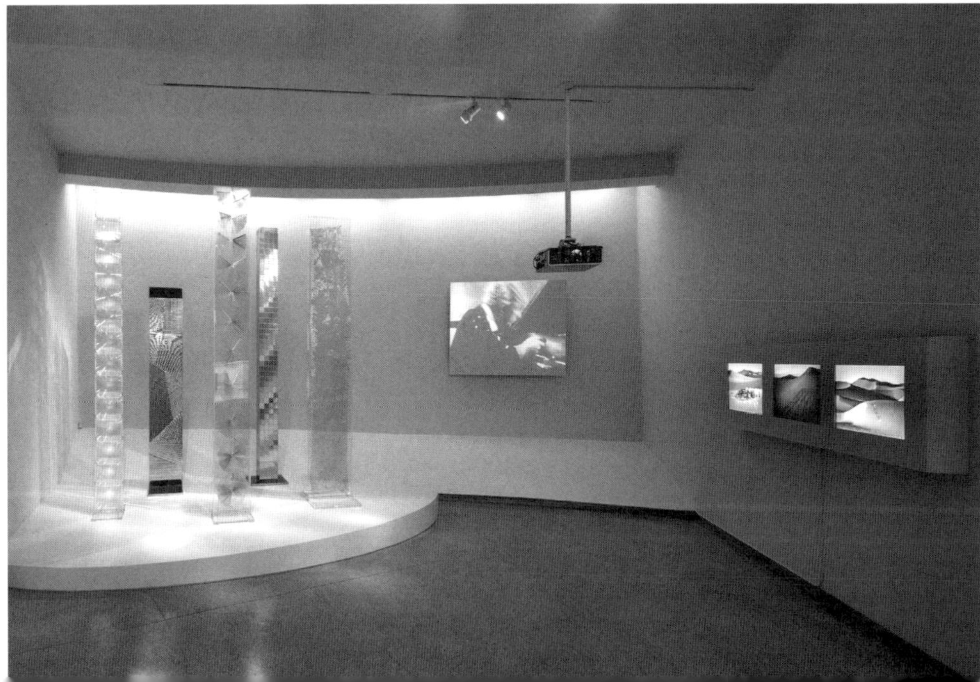

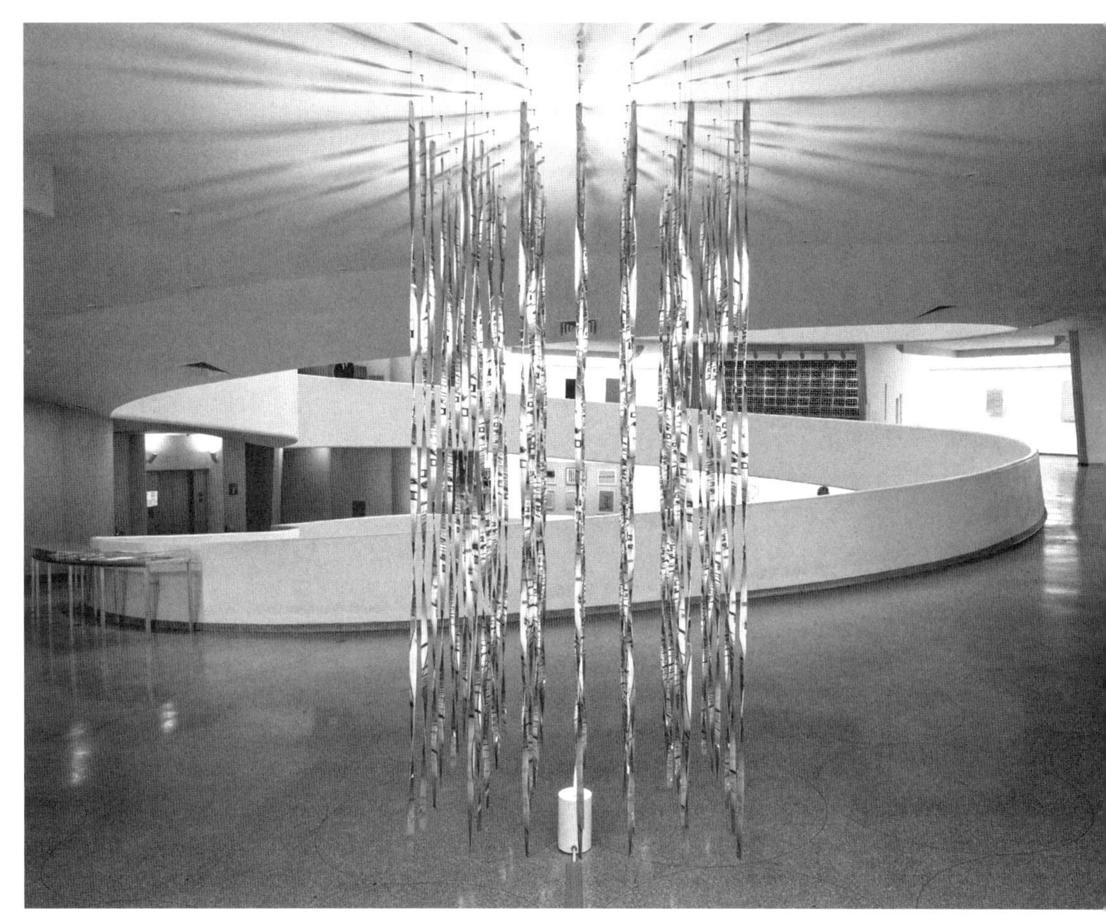

Ausstellungsansichten
ZERO. Countdown to tomorrow,
Solomon R. Guggenheim Museum,
New York, 2014

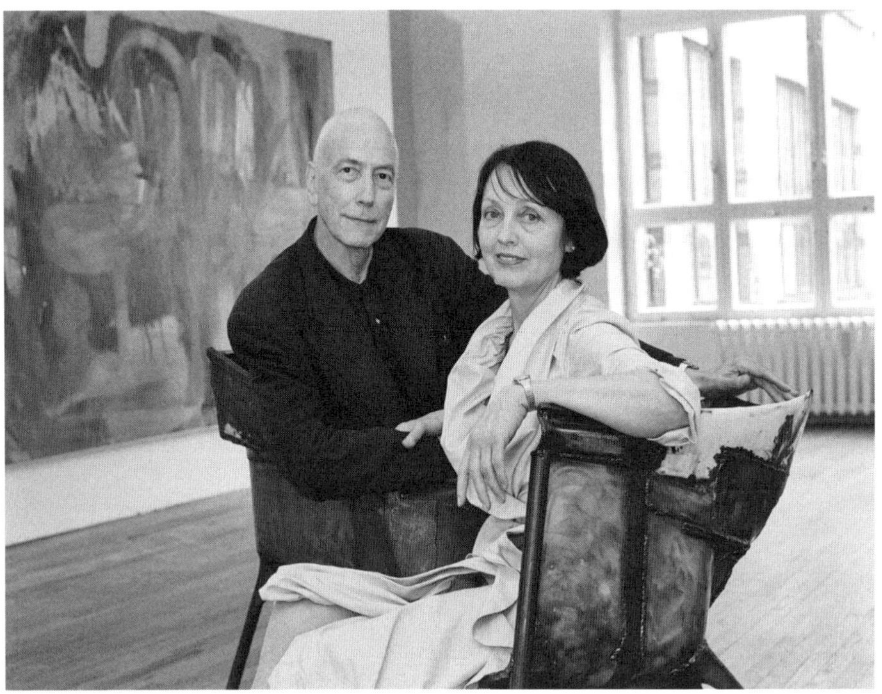

Rolf und Erika Hoffmann

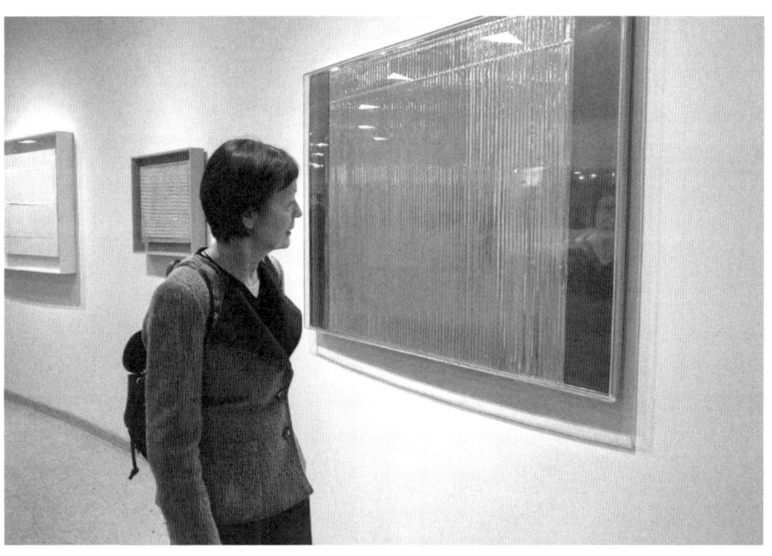

Erika Hoffmann

ERIKA HOFFMANN

Frau Hoffmann, Sie haben heute eine große internationale Sammlung zeitgenössischer Kunst, die Sie in Berlin ausstellen. Der Ursprung Ihrer Sammeltätigkeit liegt in der Region Mönchengladbach, als Sie gemeinsam mit Ihrem Mann Rolf die ersten Werke kauften. Was war für Sie beide die Initialzündung zum Kunstsammeln?

Für mich ganz praktisch: 1968 richtete ich mir eine Boutique in einem ehemaligen Milchladen am Alten Markt in Mönchengladbach ein und stellte ein Signal von Vassilakis Takis in die Ecknische über dem Eingang. Wo einstmals eine Madonna oder der Stadtheilige Vitus seinen Segen erteilt hatte, sollten nun farbige Botschaften aus dem All aufleuchten. Mein Mann hingegen verband den Anfang unseres Sammelns nicht mit diesem Multiple, sondern mit einem Nagelrelief, das ich ihm 1972 zum Geburtstag schenkte, von Günther Uecker eigens für die Hauptwand unseres Wohnzimmers geschaffen. Für dieses Phantom hatte ich ein Jahr lang gespart, was ich seinerzeit mit meinen Zeichnungen für van Laack verdiente.

In den 1960er Jahren waren mein Mann und ich hungrig nach Erfahrungen, die über unseren Alltag in Familie und Beruf hinausgingen, und suchten diese in der zeitgenössischen Kunst und im gelegentlichen Gespräch mit Künstlern. Nach damaligem Verständnis waren Ideen wichtiger als materielle Objekte; und das war auch ein Trost, da wir uns diese nicht hätten leisten können. Aber auf die Dauer merkten wir, dass Künstler nichts dagegen hatten, uns ihre Arbeiten zu verkaufen.

Was gibt Ihnen die Kunst, was bedeutet sie Ihnen?

Erfahrungen, die ich nicht auf andere Weise machen könnte, Fragen, denen ich sonst nicht begegnen würde, Erkenntnis und Lustgewinn.

Der Künstler Heinz Mack lebt, wie Sie damals auch, in Mönchengladbach. Erinnern Sie sich, wie Sie auf ihn aufmerksam wurden?

Vermutlich bei einer Ausstellung kinetischer Kunst im Städtischen Museum Mönchengladbach, das bis 1967 Heinrich Dattenberg, mein Stiefvater, leitete. Oder bei Paul Wember im Kaiser Wilhelm-Museum in Krefeld.

Wissen Sie noch, welches Werk oder welche Werke Sie von ihm kauften?

Die erste größere Arbeit war der Gitter-Rotor, den Heinz Mack 1970 für den Deutschen Pavillon der Biennale in Venedig schuf. Später erwarben wir auch frühere Arbeiten.

Was erregte damals Ihr Interesse an der jungen ZERO-Kunst?

Uns inspirierte die Vorstellung von ZERO als einem Startpunkt für etwas Neues. Dazu passte die Verwendung von nicht a priori künstlerischen Materialien, die Strukturen, Licht und Bewegung konkret vorführten, statt nur malerisch abzubilden.

Sie sagten in einem Interview, dass Sie niemals nur Objekte erwerben wollten, sondern dass Sie und Ihr Mann auch Ideen erwer-

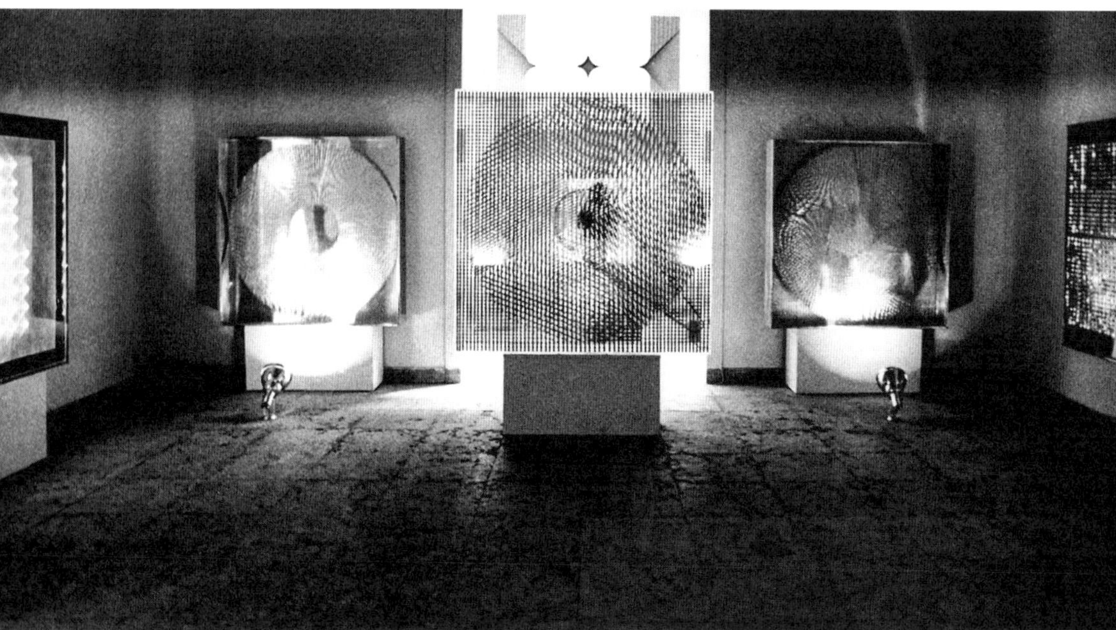

Raumansicht mit Rotoren und Reliefs, Deutscher Pavillon
XXXV. Biennale Venedig, 1970

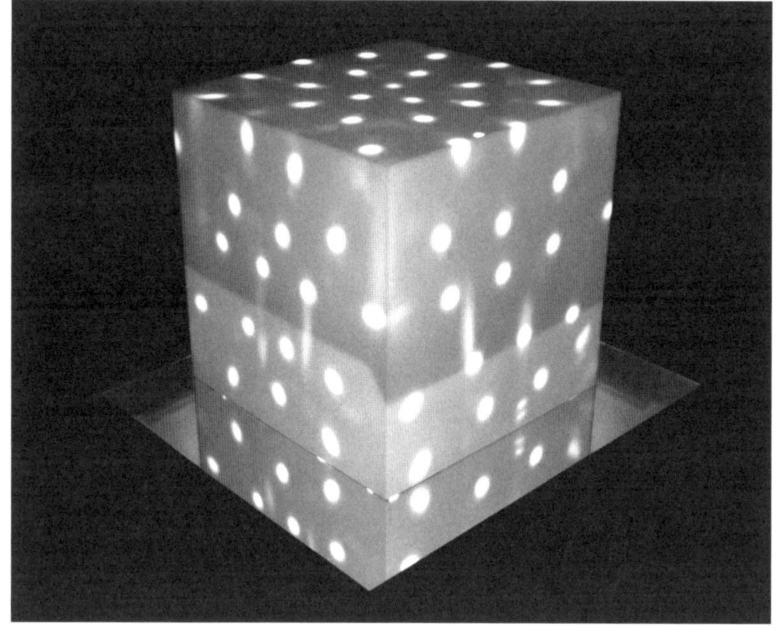

Kinetischer Lichtwürfel, 1968–1997

ben wollten, um sich damit auseinanderzusetzen. Welche Idee hat Ihnen der junge Mack näher gebracht?

Uns hat die Aufbruchsstimmung gefallen, der Optimismus, mit dem etwas Neues geschaffen werden sollte. Utopische Vorstellungen einer neuen Gesellschaft, mystische Ideen vom Licht und kosmische Bezüge angesichts schimmernder Oberflächen, flirrender Lichtreflexe und virtueller Bewegung, entstanden aber vermutlich eher aus Projektionen unserer eigenen Sehnsüchte als aus Macks Gedanken. Zumindest distanziert er sich ja entschieden von solchen Deutungen. Außerdem schätzten wir ihn als glänzenden Gesprächspartner.

Heinz Mack erinnert sich daran, dass er früher mit Ihrem Mann einen natürlichen Tauschhandel unterhielt, dass er für seine Kunst eine bestimmte Anzahl der schönen, eleganten Van Laack-Hemden erhielt. Können Sie sich auch daran erinnern?

Ja, es war für meinen Mann sicher eine große Genugtuung, mit unseren Produkten diejenigen von Heinz Mack aufwiegen zu können.

Zeigen Sie heute noch eines Ihrer Mack-Werke?

Vor zwei Jahren, zur Feier des 100. Geburtstags von John Cage, hingen Macks *Schwarze Frottage* von 1957 und *Weiße dynamische Struktur* von 1959 auf einer Wand mit Bildern von Piene und Michaux. Und den großen Rotor habe ich kürzlich innerhalb einer Auswahl aus unserer Sammlung in Dresden gezeigt.

Wie blicken Sie als Kunsthistorikerin und als Kunstliebhaberin auf die Werke von Heinz Mack, die er heute ausstellt, etwa auf die neun goldenen Pfeiler auf San Giorgio in Venedig oder auf seine farbigen großformatigen Gemälde?

In Erinnerung an die Experimentierlust der Frühzeit sind mir Heinz Macks Skulpturen und Gemälde der letzten Jahre zu repetitiv und elegant. Doch sobald es sich um Arbeiten im öffentlichen Raum handelt, kann ich nur bewundern, wie perfekt sie auf ihren jeweiligen Bestimmungsort hin konzipiert sind.

Wann haben Sie beide sich zuletzt getroffen, und stehen Sie noch in Kontakt?

Zuletzt trafen wir uns bei Heinz Macks Ausstellungseröffnung in der Berliner Galerie Arndt. Ich war glücklich, in seiner Nähe zu sitzen und seine überbordende Energie wie seinen raschen Widerspruchsgeist mitzuerleben. Einen Brief oder eine Grußkarte in seiner schönen Handschrift zu bekommen, ist eine große Freude.

Hat Kunst, insbesondere die ZERO-Kunst, ein Verfallsdatum?

Wenn meinem Mann und mir unsere ZERO-Arbeiten langweilig geworden waren, ließen wir sie ein paar Jahre im Lager, und wenn wir sie dann wieder herausholten, wirkten sie an anderer Stelle erstaunlich frisch und reizvoll. Eine ähnliche Wirkung konnte ich beobachten, als ich Andrea Rosen in New York für ihre Sommerausstellung von 2007 beriet, die wir *Kinetic Abstraction* nannten: Die Überraschung in der Kunstwelt sorgte für Neugierde und veranlasste im Lauf der nächsten Jahre auch andere Galeristen, sich für ZERO und Kinetik der 1960er Jahre zu interessieren.

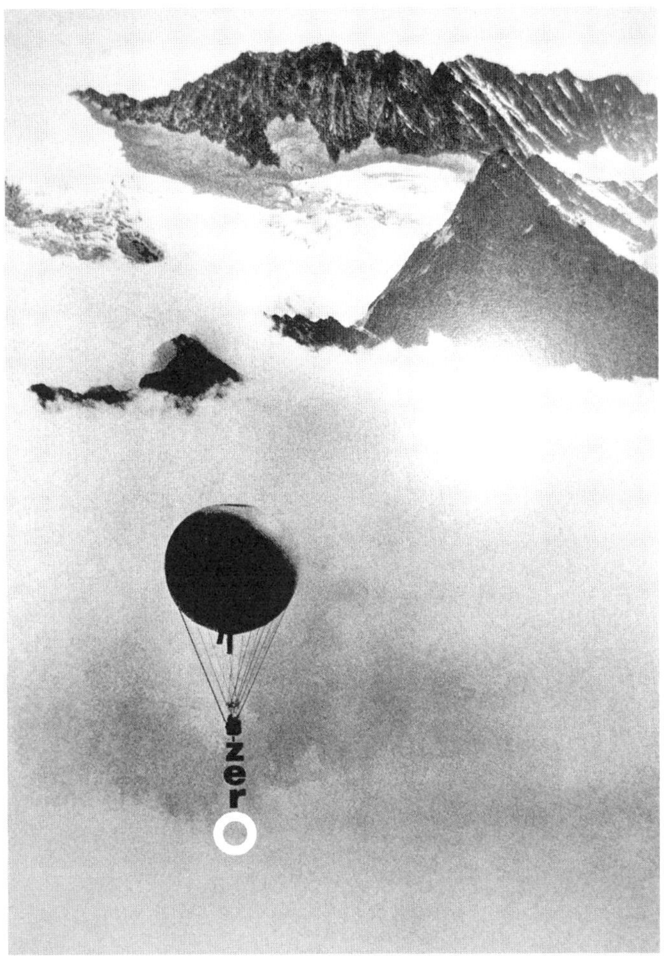

Ballon der Arktis-Expedition,
ZERO Projektidee von Heinz Mack,
1966–1976

ZERO wird ganz neu und groß gefeiert: in New York, Berlin und Amsterdam werden drei Retrospektiven zusammengefügt und ausgebreitet. Was wünschen Sie Günther Uecker und Heinz Mack?

Ich wünsche Heinz Mack und Günther Uecker, dass Sie mit diesen Ausstellungen glücklich sind, sich in ihrer jeweiligen Eigenständigkeit und ihrem gemeinsamen Konzept jetzt richtig verstanden fühlen und den Moment weltweiter Aufmerksamkeit gelassen genießen und gesund überleben.

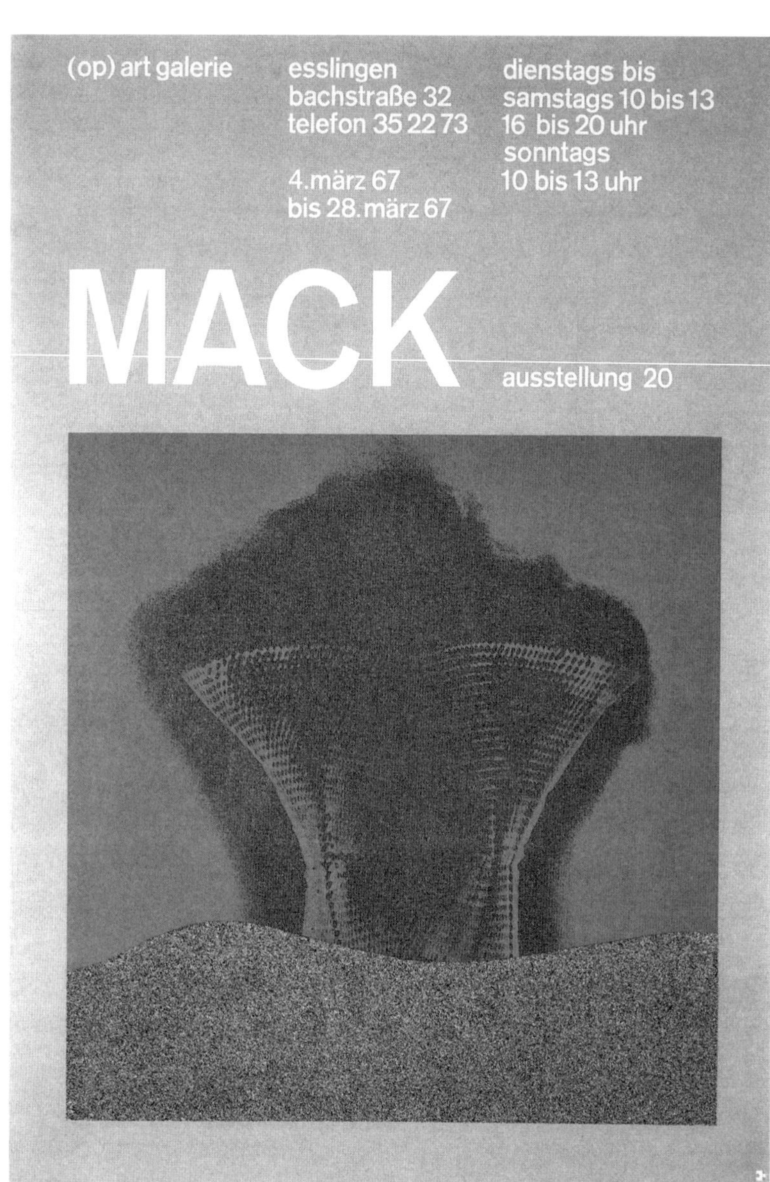

Plakat zur Mack-Ausstellung, Gestaltung Heinz Mack, 1967

HANS MAYER

Herr Mayer, Sie sind einer der bedeutendsten deutschen Galeristen für Kunst der Nachkriegszeit. Wenn Sie nächstes Jahr 50-jähriges Jubiläum feiern, dann ist das Galeristen- und Künstlerleben deutlich gediegener geworden. Dann denkt kaum noch jemand an den Aufbruch, die wilden Zeiten, in denen alles begann. Am Anfang Ihrer Galerietätigkeit – Sie hatten 1965 in Esslingen in einem ehemaligen Sarglager Ihre legendäre (op)art galerie eröffnet – stellten Sie bald schon den jungen Heinz Mack aus. Wie passte er in Ihr Programm?

Er passte perfekt mit seinen Lichtreliefs, den Kuben und Stelen. Mit Josef Albers hatte ich meine Galerie in Esslingen eröffnet, in der zweiten Ausstellung zeigte ich Max Bill. Auf Künstler wie von Graevenitz, Calderara, Graubner, Hajek folgte Mack als Nummer 20.

Wie sind Sie mit Mack bekannt geworden?

Wahrscheinlich durch ein Treffen bei Albert Schulze-Vellinghausen, der damals ein angesehener und mächtiger Kunstkritiker war – man achtete ihn als Kulturpapst. Durch ihn kam ich überhaupt erst so richtig in die Kunstwelt hinein. Er ließ sich in Dortmund-Kley ein Herrenhaus zum Museum umbauen, das ich einrichten und mit Möbeln ausstatten durfte. Ich hatte ihm auch schon Kunstwerke verkauft. Schulze-Vellinghausen merkte sogleich, dass ich mich sehr für Kunst begeisterte. Auf der Eröffnungsfeier des Museums erschien der junge Heinz Mack. Ich sagte ihm, dass ich plante, eine Galerie zu eröffnen und dass ich ihn gerne ausstellen würde. So blieben wir in Kontakt.

Damals erregte jede Ihrer Ausstellungen in Esslingen großes Aufsehen, so auch jene mit Heinz Mack.

Oh ja. Das verlief alles außerordentlich und ungewöhnlich im Frühjahr 1967.

Auf dem Plakat zur Ausstellung pappte echter Sand, allein das war eine Sensation. Noch verrückter aber war die Einladung. Dazu haben wir gedruckte, aber bereits adressierte Postkarten verwendet, die jemand mit nach Tunis nahm und sie von dort, mit tunesischen Briefmarken frankiert, an meine Gäste in Deutschland schickte. Das Motiv auf der Vorderseite zeigte eine Szene aus der Wüste, Sanddüne mit Lichtobjekt. Es stand eine handgeschriebene Botschaft von Heinz Mack an Hans Mayer darauf zu lesen, deren Text ungefähr lautete: »Lieber Mayer! Komme mit Freunden zu meiner Ausstellung bei Ihnen in Esslingen am 4.3.1967! Viele Grüße aus Afrika – Ihr Heinz Mack«. Viele Sammler reagierten verwundert, einige schickten mir die Karte zurück mit dem Hinweis, es sei aus Versehen eine an mich gerichtete Karte von meinem Freund Heinz Mack an sie gegangen. Die Verwirrung war perfekt, der Überraschungseffekt gelungen.

Wer hatte die Idee zu dieser Aktion?

Die hatte ich. Und es kamen dann doch rund 700 Leute zur Eröffnung. Es waren auch die vorbereitenden Bilder zu sehen zu seiner ein Jahr später stattfindenden Wüstentour. Man konnte gut sehen, dass Heinz Mack schon genau wusste, wo er hin will, was er plant und wie das aussehen wird. Schulze-Vellinghausen hielt die Eröffnungsrede, was gut und eine Ehre für den Künstler war. Meine Galerie war der angesagte Treffpunkt, und alle kamen zu mir.

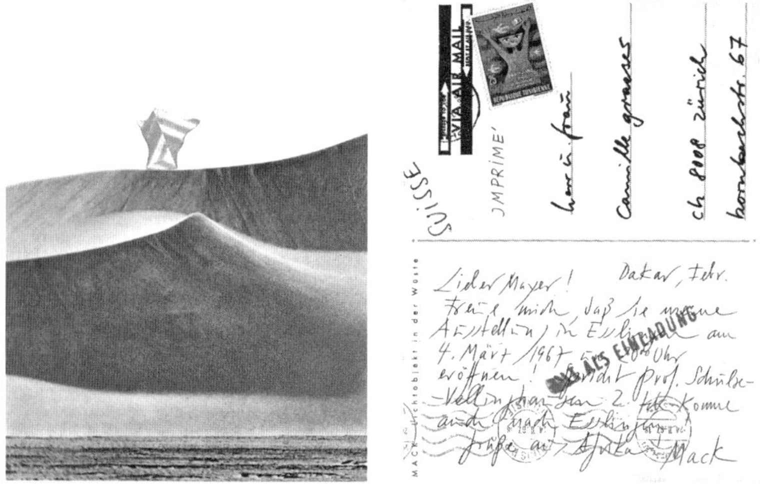

Vorder- und Rückseite der Einladungskarte an »Mayer«, 4. März 1967, Gestaltung Heinz Mack

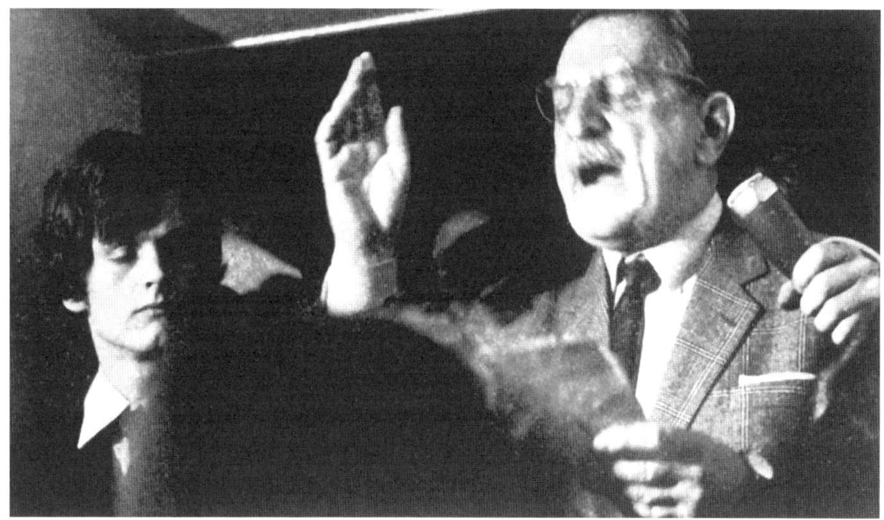

Hans Mayer und Schulze-Vellinghausen, Esslingen, 1967

Alte Zeitungsausschnitte belegen, dass Heinz Mack während dieser Vernissage, Anfang März 1967, in dem Silberanzug vor Kameras posierte, den er später in der Wüste trug.

Meines Wissens hat er ihn in meiner Galerie sogar zum ersten Mal getragen. Ich selber war in dieser Zeit verrückt nach ausgefallener Kleidung, habe mich immer für extreme Sachen interessiert, denn ich veranstaltete ja auch op-art-Modenschauen. 1966 trug ich bei einem dieser Anlässe einen orangefarbenen Anzug aus Papier. Das war ein Straßenarbeiteranzug, den ich in Los Angeles erstanden hatte. Wo immer ich unterwegs war, hielt ich Ausschau nach neuen Kleidern. Als ich eines Tages in Paris durch die Galéries Lafayettes bummelte, entdeckte ich diesen silbrig-glänzenden Lurex-Anzug. Ich glaube, ich kaufte ihn damals für mich, aber ich weiß nicht mehr genau, ob ich ihn selbst überhaupt einmal getragen habe. Auf jeden Fall habe ich ihn Heinz Mack geschenkt, woraufhin er mir eine Zeichnung dafür gab. Wenig später suchte ich ihn auf dem Huppertzhof in Mönchengladbach mit einem Sammler aus New York auf. Als das schwere schwarze Tor zu seinem Anwesen aufging, kam uns Mack in diesem Silberanzug entgegen, an einem strahlenden Sommertag!

Rund ums Kunstgeschäft etablierte sich in den 1960ern eine verrückte Party-Szene mit Musik und Mode. Wie waren diese Zeiten?

Flug ins Licht

Objekte von Heinz Mack in der Esslinger (op)art galerie

Ende letzten Jahres starb in Düsseldorf „Zero". Manche meinen, das 1958 hoffnungsvoll gegründete Unternehmen sei nicht erst in Bonn mit der letzten gemeinsamen Ausstellung zu Grabe getragen worden, sondern schon vorher sanft entschlafen. Wann auch immer: die Gruppe starb am allzu starken Lebenswillen ihrer Glieder, nicht an Schwäche. Was sich wie eine Todesanzeige ausnimmt, besagt im Grunde nur, daß sich die Herren Uecker, Mack und Piene bester künstlerischer Gesundheit erfreuen und deshalb gegenseitig auf die Nerven gefallen sind. Also kein eigentlicher Trauerfall im Reich der Avantgarde. Die Kunst nimmt keinen Schaden, wenn sie um ein paar Manifeste im Jahre ärmer wird.

Was war „Zero"? Zunächst wohl ein Gesinnungszeichen, Signal für Neubeginn am Nullpunkt einer selbstgesetzten Zeitrechnung. Dann Titel einer programmatischen Schriftenreihe. Auch die Texte, enthusiastische Utopien, welche die traditionellen Gattungen Malerei und Plastik kühn für null und nichtig erklärten, hymnisch Licht und Bewegung, Schönheit, Reinheit und Freiheit des Alls priesen, haben sich nicht als dauerhafte Klammer erwiesen. Die hochfliegenden Pläne ließen sich auf keinen gemeinsamen Nenner mehr bringen. Erfolgreich, aber in Gefahr, sich gegenseitig festzunageln, stritt man sich vorsichtshalber auseinander.

Zum erstenmal nach dem Gruppentod tritt jetzt ein früheres Mitglied von „Zero" mit einer eigenen Ausstellung an die Oeffentlichkeit. Der rührigen (op)art galerie in Esslingen, seit 1965 ein Bollwerk der jungen Künste in Süddeutschland, ist es gelungen, Heinz Mack mit einigen seiner interessantesten Bilder, Objekte und kinetischen Arbeiten in die Bachstraße zu holen. Mack, Jahrgang 1931, mehrfacher Preisträger und international erfolgreicher Auftragskünstler, hat sich durch seine kostbaren silbernen und gläsernen Lichtobjekte einen hochdotierten Namen errungen. Bei der Esslinger Vernissage erschien er in einer gleißenden Raumfahrerkombination aus Kunststoff: Geschöpf von einem anderen Stern zwischen astroweltlichen Schöpfungen. Dieser spektakuläre Auftritt signalisiert mehr als ein exzentrisches Künstlertemperament. Für einen Radikalisten wie Mack ist solche Publicity gleichbedeutend mit gelebter Weltanschauung, mit Bekenntnis, ja mit künstlerischem Schaffen selbst. Mack hat als fanatischer Sonnenanbeter Hymnen auf das Licht gedichtet. Das metallisch spiegelnde Silber ist für ihn die Farbe, in der sich das Wesen des Lichts am reinsten offenbart. Silber wird, wie einst das Blau, zum Farbträger einer romantischen Sehnsucht; Silber gewinnt, dem Gold provokativ übergeordnet, fast kultische Bedeutung. Der mystische Aufbruch nötigt Respekt ab, so seltsam er sich auch im einzelnen darstellen mag.

Auf der Suche nach dem reinen Licht ist der Romantiker auf ungewöhnliche Weise der Realität begegnet. In der utopischen Technik von heute finden seine Tagträume eine Möglichkeit, sich zu materialisieren. Neue technische Produkte, gerade der technischen Geheimnissphäre entrissen, von den menschlichen Sinnen kaum erfaßt, von unserem Bewußtsein noch nicht vernutzt, werden zum künstlerischen Material einer undefinierten Schönheit. Elektrisches Licht trifft auf unbekannte Medien, auf speziell für die Raumfahrt entwickelte Metallfolien, Plexiglaslinsen, Industriegläser; es wird überraschenden Bewegungen ausgesetzt, erreicht uns gebrochen, verwandelt, verzaubert. Durch den am Reißbrett exakt kalkulierten Effekt entrückt Mack seine rotierenden, blinkenden und blitzenden Objekte der Profansphäre technoider Basteleien, wie sie der Biennalepreisträger Leparc zum unfreiwilligen Vergnügen des Betrachters produziert. Den hohen Anspruch, den strengen, feierlichen Ernst und den bestrickenden Reiz dieser Licht- und Silberwelt wird auch der nicht bestreiten, der noch keine bündige Antwort auf die Frage weiß, wo im einzelnen die Grenze zwischen dem Experiment, einer neuen Seherfahrung, und dem Kunstwerk verläuft.

An ihrer Idee gemessen, erreichen die irritierenden Objekte dort den höchsten Grad an Schönheit und Vollkommenheit, wo die Entmaterialisation am weitesten vorangetrieben und die mechanische Konstruktion undurchschaubar wird, wo sich Licht geheimnisvoll in Bewegung auflöst: im „Dynamo 1967" zum Beispiel. Die flutenden Lichtwellen aus diesem Apparat vermögen uns bei längerem Hinschauen in einen merkwürdigen Rauschzustand zu versetzen. Für jene letzte Stufe stellen die Zacken-, Winkel- und Buckelwände, die reflektierenden statischen und rotierenden Reliefs aus Metall und Spiegelglas nur Vor- und Zwischenstadien dar. Erst das den direkten Reflex zerstörende und verändernde gewellte Glas scheint die entscheidende Findung Macks gewesen zu sein. Im durchsichtigen Material hat Mack überhaupt ein williges Medium gefunden, Raum sichtbar zu machen, Distanz herzustellen. Dennoch verkörpern die meisten seiner verglasten Schaukästen nichts anderes als „Bilder". Seine aus Wabenfolien aufblühenden, an Algen erinnernden Silbergewächse, atemraubend kunstvolle und ästhetisch bestrickende Gebilde, sind freilich ebensowenig in illusionistischer Absicht entstanden wie sein „Aquarium", das hinter Blauglas einen ganzen Kellerraum in ein Kunstobjekt verwandelt. Kompromißlose Phantasie versucht unablässig, die Grenze materieller Bedingtheit auf das Absolute hin zurückzudrängen. Keineswegs damit zufrieden, dem künstlichen Licht eine künstlerisch nutzbare Intensität abgerungen zu haben, tragen sich auch die „Zero"-Künstler mit gigantischen Plänen. „Auf der Suche nach einer neuen Dimension der Kunst", nach einer „totalen Reservation der Kunst", postuliert Mack 1961, müßten neue „unübersehbare Naturräume" aufgesucht werden: der Himmel, das Meer, die Antarktis, die Wüsten. Man träumt davon, eine Ausstellung im Himmel zu veranstalten. Man möchte das Nordlicht zu einem gewaltigen Lichtspiel umdirigieren. In der Sahara will Mack allen Ernstes eine überdimensionale Lichtstelle errichten, die durch Reflektoren das Sonnenlicht zu einem nie erlebten optischen Eindruck steigert. „Es muß möglich sein, eine heftige Lichterscheinung so in Vibration zu bringen, daß ihre Intensität notwendigerweise eine neue Umwelt fordert, deren Ausdehnung den klassischen Regeln von Maß, Volumen und Proportion nicht mehr entspricht." Wird Mack dieses hybride Projekt mit Hilfe großer Firmen verwirklichen können? Der Flug dieses vom Lichthunger Besessenen weist in die Sonne. Aber man bangt, der hochbegabte junge Künstler könnte sich wie Ikarus an ihr die Flügel versengen.

Wolfgang Rainer

Stuttgarter Zeitung,
12. März 1967

Wild waren sie. Ich machte mit Heinz ein Fest im Fleher Hof, irrsinnig war das. Dann in der Münsterstraße in einem Kellergewölbe: Das war das irrste Fest überhaupt, denn da spielte eine 18-köpfige Steelband. So etwas kannte man hier noch gar nicht. Noch in Esslingen haben wir sogar mal in einer Turnhalle gefeiert, wobei dermaßen getobt wurde, dass die Scheiben kaputtgingen.

Gehörten die Feste unbedingt dazu?

Deshalb kamen ja die Leute. Das war diese Zeit. Viele Kunsthistoriker und Künstlerclans hielten mich deshalb natürlich für komplett unseriös und unmöglich. Andererseits tauchten auf meinen Festen auch schon mal so Leute wie Dan Flavin oder George Rickey auf. Die traf man dann zehn Jahre später in New York wieder, da waren sie schon große Künstler. Und dann sagten sie, dass sie sich erinnerten an die Partys in Esslingen, an die »most fantastic party they ever had«. Und sie meinten das ernst.

Sie haben sogar im Kaufhof Kunst ausgestellt?

Ja, denn auch das lag im Trend. Der damalige Düsseldorfer Kaufhofdirektor war kunstbegeistert. Er schaute nach New York und Paris, dort waren die Vorbilder zu suchen. Es wurde in den Metropolen Mode, im Kaufhaus Kunst zu zeigen. Ich war zwischenzeitlich schon Partner mit Denise René. 1968 hingen dann Originale von Lutter, Vasarely und Mack an einem extra

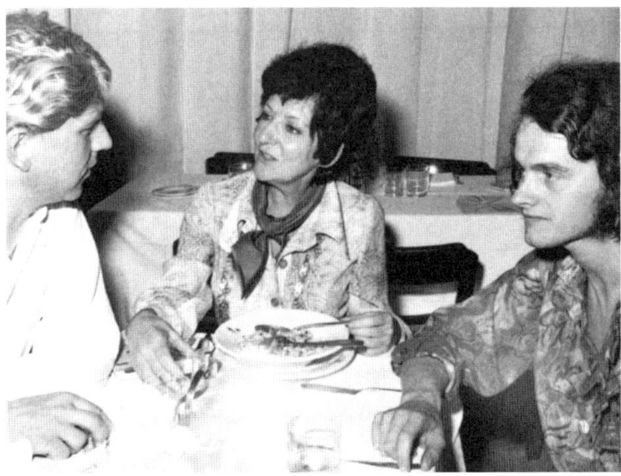

Heinz Mack, Denise René, Hans Mayer um 1970

gebauten Stand mitten in der Stoffabteilung. Das sah ganz gut aus. Die Kundschaft, die mit Kunst etwas am Hut hatte, nahm die Aktion gut an und kaufte auch.

Später, 1969 im Kölner Kunstverein, haben Sie Heinz Mack einmal mit Josef Albers zusammen ausgestellt.

Und das war vom Schönsten! Sein Ensemble der vier Kuben, der goldene Kubus, das sind ganz wundervolle Arbeiten von Heinz Mack!

Sie haben sich immer das Beste rausgepickt?

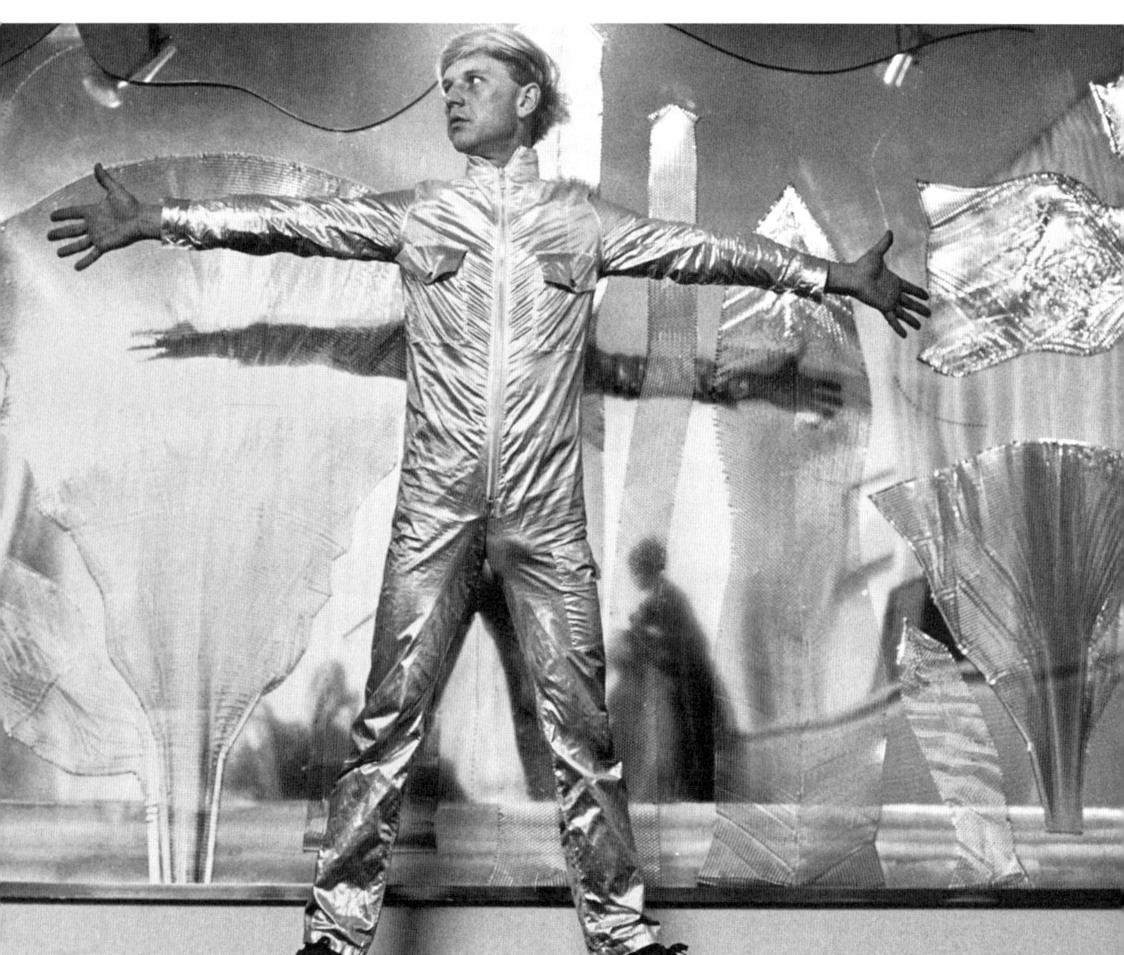

Der Künstler vor seinem Werk *Kleiner Urwald* von 1964 in der Galerie Ma

Wenn Sie das als Kompliment auffassen, dann ja!

Was kennzeichnet in Ihren Augen Macks Kunst?

Mack hat eine ganz große kreative Energie und Ideenwelt. Wenn aber jemand so produktiv ist, dann kann er nicht nur Spitzenwerke liefern. Mack ist ein Macher. Bei jeder Arbeit, so stelle ich es mir vor, geht es immer auch darum, sie zu realisieren.

Wo trifft man auf den Kern seiner Kunst?

Das Stärkste findet man sicher in den 1960er Jahren. Was er da an Lichtarbeiten und Reliefs geschaffen hat, ist unglaublich. Ich habe ihn damals mit einem Lichtexperten zusammengebracht, der bei mir die kinetischen Werke reparierte. Dieses Zusammentreffen war für die Weiterentwicklung seines Werkes ganz wichtig.

Besitzen Sie Werke von Mack?

Nur kleine Geschenke. Er war immer großzügig. Kürzlich habe ich eine frühe Arbeit von ihm angeboten, sie war innerhalb einer Woche verkauft: eine Skulptur mit Spiegel, der sich dreht. Eine wunderbare Arbeit. Teuer war sie auch.

Was sagt der Marktwert über die Güte eines Künstlers aus?

Das hängt direkt zusammen. Von Rothko etwa gibt es weltweit vielleicht 500 Werke. Und jeder, der in die Moderne hineinschnuppert, möchte einen Rothko haben. Früher war das ebenso mit Mondrian, jeder wollte einen Mondrian haben, aber es gab nur 600. Deshalb gingen die Preise so hoch. Die großen Ausnahmen sind Picasso und Warhol.

Auch der Marktwert von Mack ist explodiert. Der *Garten Eden* aus Düsseldorf wurde in der New Yorker Galerie Sperone Westwater zu einem siebenstelligen Preis angeboten. Wie versteht man das, wo doch die Stadt Düsseldorf das großartige Bild, das ein Schlüsselwerk ist und einst im Schauspielhaus hing, lieblos behandelt und einfach hergegeben hat?

Wenn Sie heute die Kataloge von Christie's und Sotheby's anschauen, dann können Sie sich nur wundern über die vielen Nullen, die schon bei kleinen Zeichnungen etwa von Basquiat anhängen. Da wird einem ganz schwindlig. Dann kann doch Heinz Mack, der immerhin schon 60 Jahre Kunst macht, für ein so großartiges, monumentales Bild ein paar Millionen verlangen. Das finde ich absolut legitim.

Wie stehen Sie zum Menschen Heinz Mack?

Er ist ein faszinierender, offener, ehrlicher Kerl.

Sie sollen sich mal gestritten haben.

Das ist lange her und vergessen. Er ist älter geworden, ich bin älter geworden. Am Anfang macht man immer mal Fehler. Ich habe sicher Fehler gemacht, er hat wahrscheinlich auch Fehler gemacht.

Und wenn Sie sich heute begegnen?

Heute haben wir wieder ein ehrliches, unglaublich freundschaftliches Verhältnis.

Aber Sie vertreten ihn nicht mehr?

Ich bin wahrscheinlich der, der am längsten in Düsseldorf eine Galerie führt. Irgendwie hatten wir eine lebenslange Zusammenarbeit über die 49 Jahre. Es kann ja durchaus sein, dass man irgendwann mal wieder etwas zusammen macht. Es müsste einem nur das Richtige einfallen.

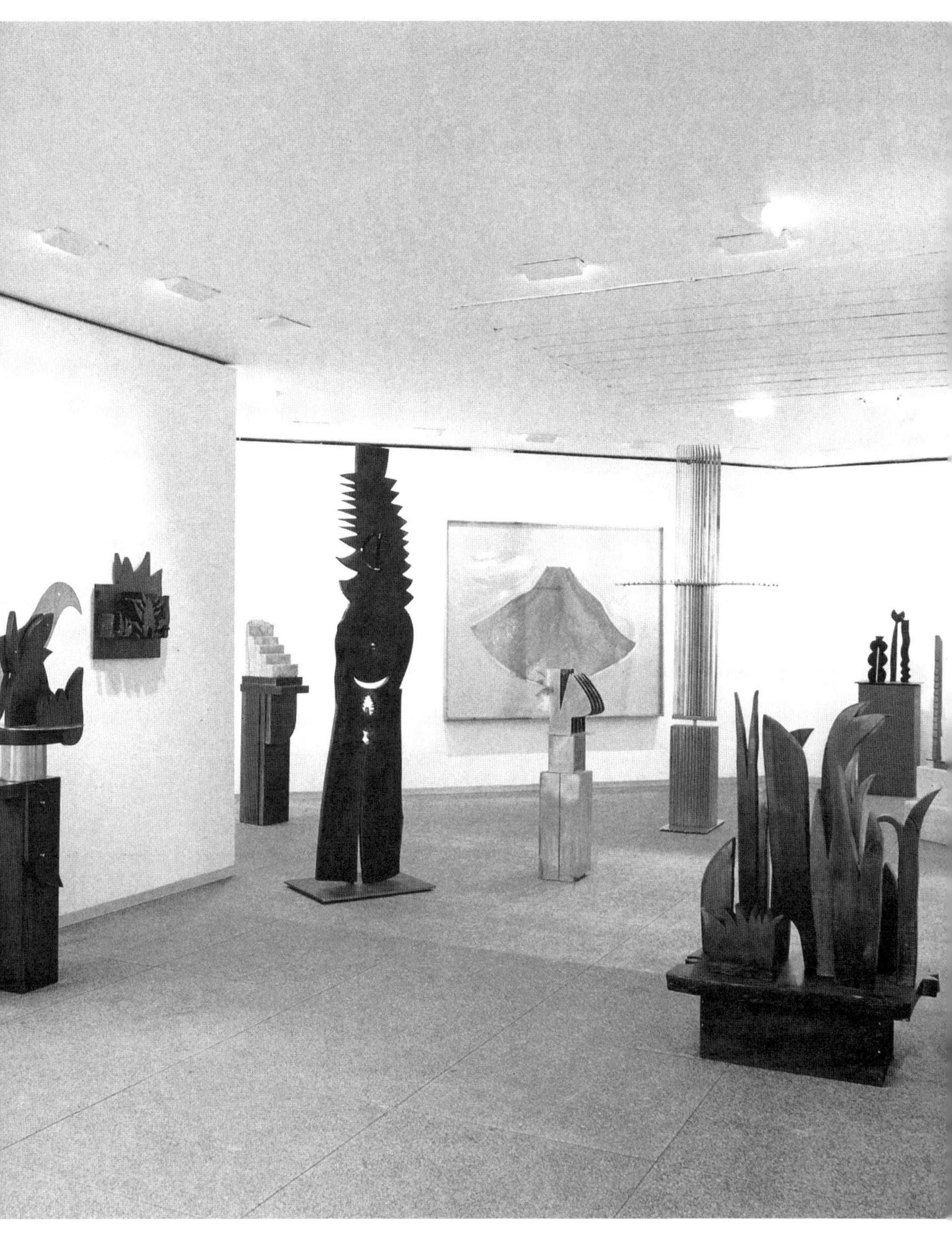

Mack-Ausstellung bei Galerie Denise René – Hans Mayer, Düsseldorf 1984

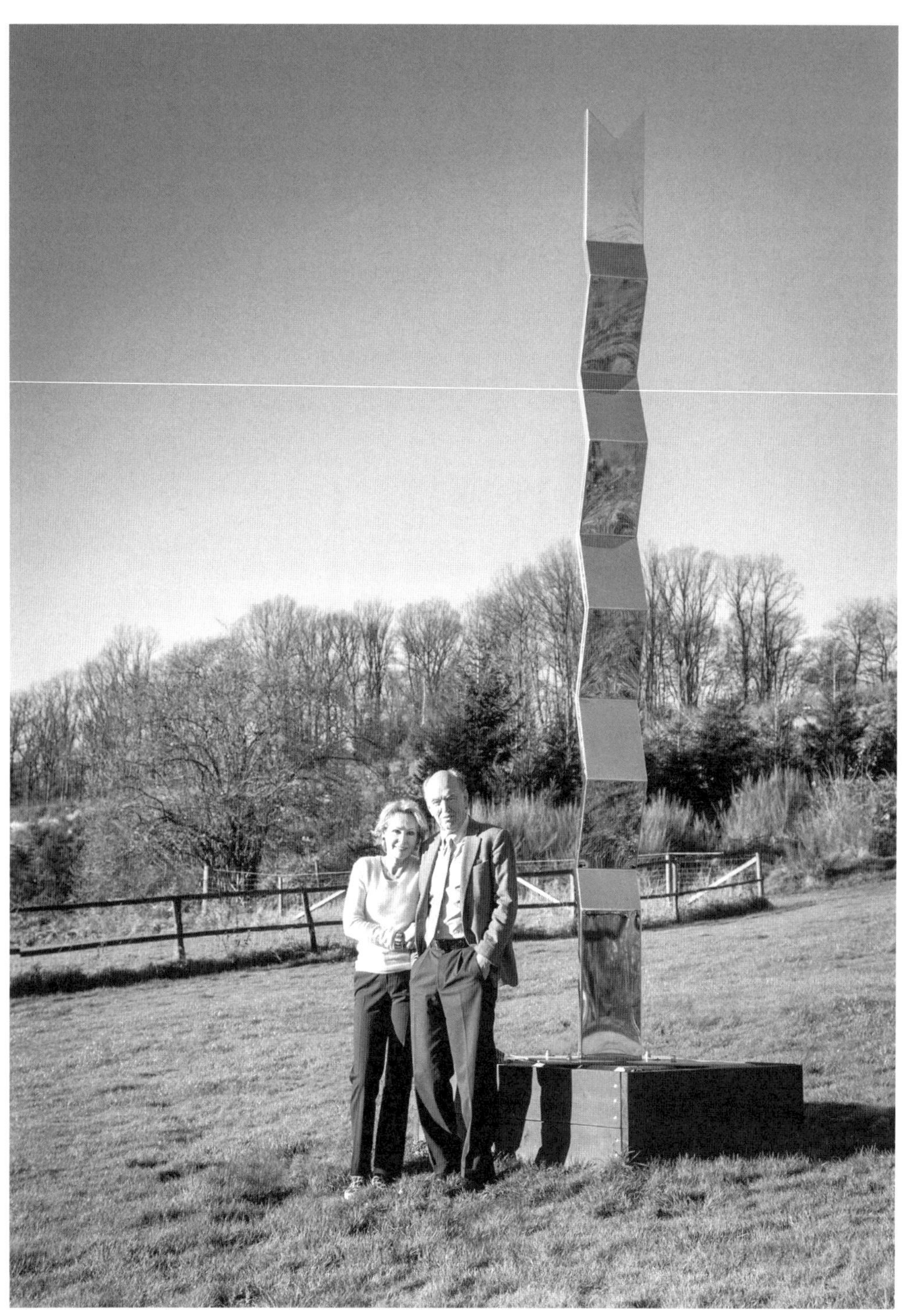

Ulrike und Jan Rüggeberg, 2014

JAN RÜGGEBERG

Herr Rüggeberg, Sie sind ein erfolgreicher, international agierender Unternehmer. Heinz Mack benutzt in seinem Atelier Schleifwerkzeuge, die in Ihrem Haus hergestellt werden. Wissen Sie, für welche Arbeiten er sie gebraucht?

Zum Schleifen, Polieren und Trennen nimmt man sie gemeinhin. Besonders ein Künstler, der wie Mack große Skulpturen aus Edelstahl erschafft, setzt sie ein. Aber das Atelier Mack bezieht seine Werkzeuge nicht direkt bei uns, sondern von einem unserer Fachhändler.

Also sind Sie anders auf seine Spur gelangt?

Ja. Vor sehr langer Zeit war das schon. 1971 habe ich seine Kunst kennengelernt, viel später erst, Ende der 1980er Jahre, den Künstler, den Menschen und seine Familie.

Waren Sie ein früher ZERO-Fan?

Das kann man so nicht sagen. Als Student lebte ich in München. Dann sah ich eine Arbeit von Mack, blau-silbern, ich glaube in der Galerie Thomas. Sie gefiel mir auf Anhieb und ich erstand sie für vielleicht ein paar hundert Mark. Es war eine Serigraphie, eine Edition, *Antarktis*, aber die darin wohnende Lichtkraft war schon so stark, wie sie auch in seinen größeren skulpturalen Werken zum Ausdruck kommt. Von der Gruppe ZERO hatte ich damals noch nichts gehört. Und ich war auch nicht vertraut damit. Als ich das erste Mal kurz danach dann Arbeiten von Yves Klein gesehen habe, war ich verblüfft, mir fehlte das Verständnis, ebenso für Fontana. Bei Arbeiten von Mack, ich erinnere mich an Fotos seiner Installationen in der Wüste, war das anders! Seine Auseinandersetzung mit Licht und Sonne faszinierte mich. Aber die Philosophie der ZERO-Gruppe und den Umbruch der Malerei, nach Schumacher, Micus, und Informel habe ich damals noch nicht begriffen. Überhaupt interessierte mich die Philosophie

der Künstler relativ wenig. Es waren die Impulse, die Kunstwerke auf mich ausübten, die mich faszinierten.

Wie viele Werke besitzen Sie von Mack?

Vielleicht sechs oder sieben, ich weiß es nicht genau. Vor einem Jahr erst haben meine Frau und ich eine wunderbare Zick-Zack-Stele aus Edelstahl erworben. Sie ist sieben Meter hoch und steht in unserem Garten. Sie ist ein Lichtfänger, sie strahlt bei jedem Wetter und blitzt geradezu bei Sonnen-Einfall. Überhaupt: seit vielen Jahren gilt unser Interesse primär Skulpturen im Außenbereich.

Heute haben Sie und Ihre Frau eine internationale Sammlung zeitgenössischer Kunst zusammengetragen, die sehr persönlich geprägt ist. Sie kaufen, was Ihnen gefällt, haben Sie einmal gesagt. Welches markante Zeichen setzt Heinz Mack inmitten von Jawlensky, Schlemmer, Schwitters, Man Ray, Lebedev, Spanulo, Rickey, Nigel Hall, Suter, Honegger, um nur einige zu nennen?

Heinz Mack ist der Künstler des Lichts wie kein anderer. Das ist das, was für uns Bedeutung hat und das vielleicht Wichtigste. Auch eine sehr frühe Zeichnung habe ich von ihm, sehr fein, nur Struktur, schwarz-weiß. Das war damals der Beginn einer neuen Epoche – das weiß ich heute. Und sie gefällt uns immer noch sehr gut.

Wo haben Sie dann den Künstler persönlich kennengelernt?

Ende der 1980er Jahre auf der Insel Ibiza. Es ist ja bekannt, dass Heinz Mack dort eine alte Finca als sein zweites Zuhause bewohnt, die er wundervoll umgebaut und eingerichtet hat. Einige Monate im Jahr lebt und arbeitet er auf der Insel, die er, wie wir auch, ein Paradies nennt. Auch meine Frau und ich haben eine alte Finca auf Ibiza und verbringen dort möglichst viel Zeit.

Die erste Begegnung?

... war eher komisch. Heinz Mack stand am gleichen Gepäckband wie ich auf dem Ibiza-Flughafen. Da stieß mich ein Freund an und sagte, da vorne,

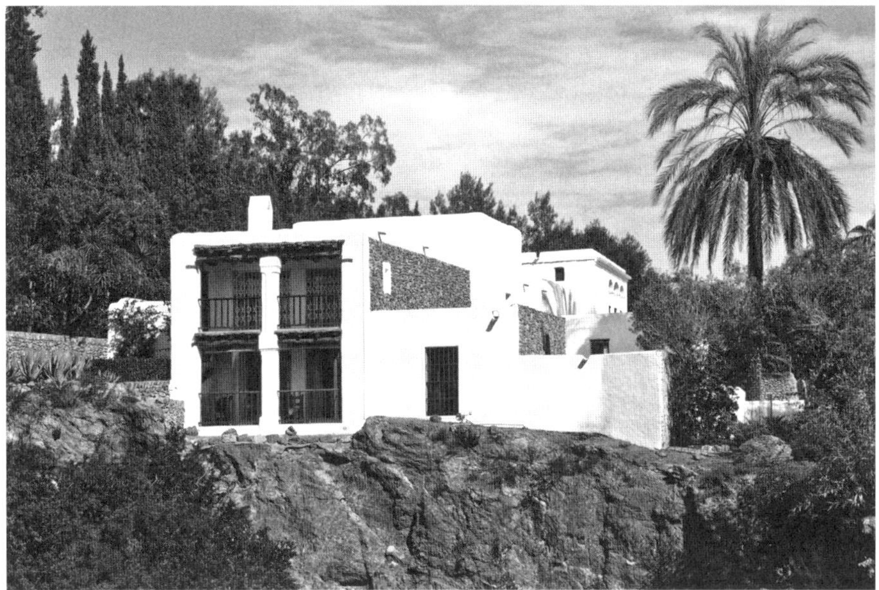

Das Künstleratelier auf Ibiza

das ist Heinz Mack. Ich hatte ihn mir ganz anders vorgestellt. Bald darauf sind wir ihm dann bei Freunden und dann immer häufiger begegnet und enger ins Gespräch gekommen, als wir merkten, dass wir sozusagen Nachbarn waren und den gleichen Gartenarchitekten hatten. Auch seine charmante Frau Ute und meine Frau waren sich auf Anhieb sympathisch, daher verbringen wir manch frohe Stunde gemeinsam auf der Insel des Lichts, ohne uns jedoch gegenseitig zu bedrängen.

Worüber sprachen und sprechen Sie?

Wir reden über Kunst, philosophieren, theoretisieren. Thema ist seine eigene Kunst wie auch die Kunst ferner Kulturen, nicht zu vergessen die klassische Musik. Wir sind beide fasziniert von Dingen, die eine Aura haben. Neben seiner Malerei und Skulptur ist Heinz Mack ein begnadeter Fotograf und Architekt. Er hat wohl alle wichtigen ursprünglichen Fincas auf der Insel fotografiert und darüber ein wundervolles Buch publiziert und ist ein ausgezeichneter Kenner der Finca-Architektur, die verblüffend einfach und formvollendet ist. Das hat mich auch immer fasziniert. Das verbindet uns. Heinz Mack kann aussprechen und in Worte fassen, was ich vielleicht nur impulsiv empfinde.

Welche Gemeinsamkeiten haben Sie sonst noch?

Heinz Mack ist interessiert an allen schönen Dingen, das Schöne zieht ihn an, nicht nur in der Kunst. So ähnlich geht es mir auch. Nur dass er es besser in Worte fassen kann. Und dann verbindet uns neben der Liebe zur Insel noch eine ganz andere Leidenschaft: die afrikanische Kunst, hier ist der Begriff Aura wohl am zutreffendsten!

Sammeln Sie beide afrikanische Kunst?

Heinz Mack hat mir seine Sammlung gezeigt, er besitzt einige sehr gute Stücke, darunter Werke von Weltgeltung, eine wirklich bedeutende Sammlung. Auch meine Frau und ich sammeln afrikanische Kunst, allerdings in viel kleinerem Rahmen.

Wie kamen Sie darauf?

Vor etwa 20 Jahren hat uns Professor Werner Schmalenbach, damals Direktor der Kunstsammlung Nordrhein-Westfalen, auf die Kraft und Güte, Ausstrahlung und Bedeutung afrikanischer Kunst hingewiesen. Er hat uns mit seiner Begeisterung angesteckt. Wir sind mit ihm und den Freunden

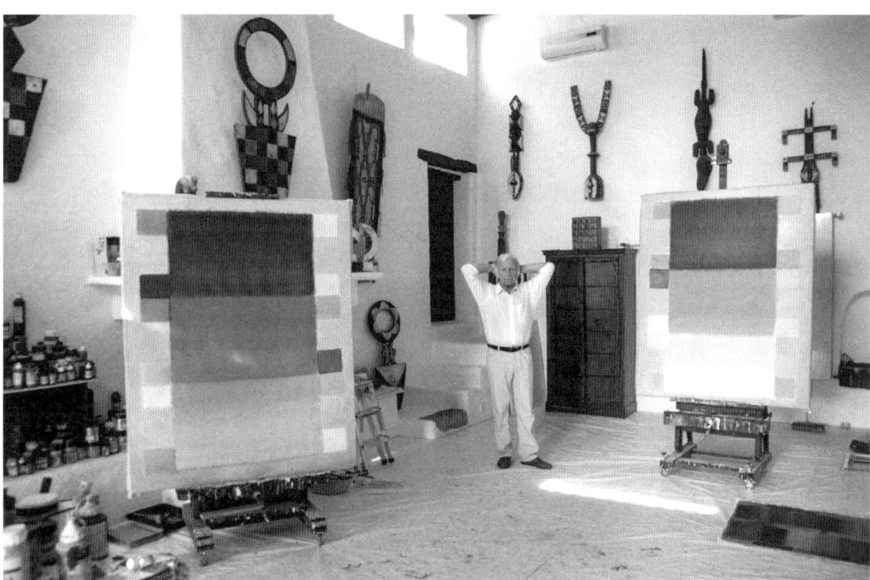

Heinz Mack mit einem Teil seiner Africana-Sammlung auf Ibiza, 2013

der Sammlung NRW auf Reisen gegangen und haben erste Werke erstanden. Den Einfluss der afrikanischen Kunst auf die Moderne hat uns Schmalenbach erklärt. Seine berühmte Ausstellung der Sammlung Barbier-Müller aus Genf war für mich sozusagen ein Erweckungs-Erlebnis.

Werner Schmalenbach war ein sehr angesehener Direktor der Kunstsammlung. Haben Sie Verständnis dafür, dass er Künstler wie Heinz Mack nicht in die Sammlung aufgenommen hat, in deren Freundeskreis Sie heute aktiv sind?

Für diese Entscheidung von Schmalenbach habe ich noch ein gewisses Verständnis. Ich hatte ihn vor langer Zeit einmal gefragt, warum die ZERO-Gruppe nicht in der Sammlung NRW vertreten ist. Seine Antwort lautete, dass sein Ziel der Aufbau einer international anerkannten Sammlung der arrivierten, bedeutenden Kunst der Moderne des 20. Jahrhunderts und nicht der zeitgenössischen Kunst sei und dass er alle zur Verfügung stehenden finanziellen Ressourcen diesem Ziel unterordne. Das ist ihm ja zweifelsohne gelungen. Die zeitgenössische Kunst sei ja in anderen Museen im Rheinland gut vertreten, er nannte damals die ZERO-Gruppe, Joseph Beuys und andere, die Museen Kunstpalast in Düsseldorf und Ludwig in Köln.

Warum seine Nachfolger jedoch die Gruppe ZERO nicht in die Sammlung NRW aufnehmen, ist mir aber eigentlich ein Rätsel, gerade weil sie ja in Düsseldorf ihren Ursprung hat. Aber vielleicht werden die Ausstellungen der ZERO-Künstler auf der Documenta, in der Bundeskunsthalle, in Venedig, in Berlin und im Guggenheim in NYC ja einen Anstoß zum Nachdenken geben. Die Ausstellung der Künstler der Kunstakademie im Jahr 2013, in der Heinz Mack sehr gut vertreten war, war ja schon ein Anfang.

Noch eine letzte Frage, Herr Rüggeberg: Was beeindruckt Sie besonders an Heinz Mack?

Seine große Begeisterungsfähigkeit, seine vielseitigen, fundierten Interessen und seine hohe, fast jugendliche Sensibilität für alles Schöne. Auch sein feines Gespür für Menschen und seine Verletzbarkeit machen ihn zu einem besonders interessanten Menschen und Freund, der meine Frau und mich immer wieder inspiriert.

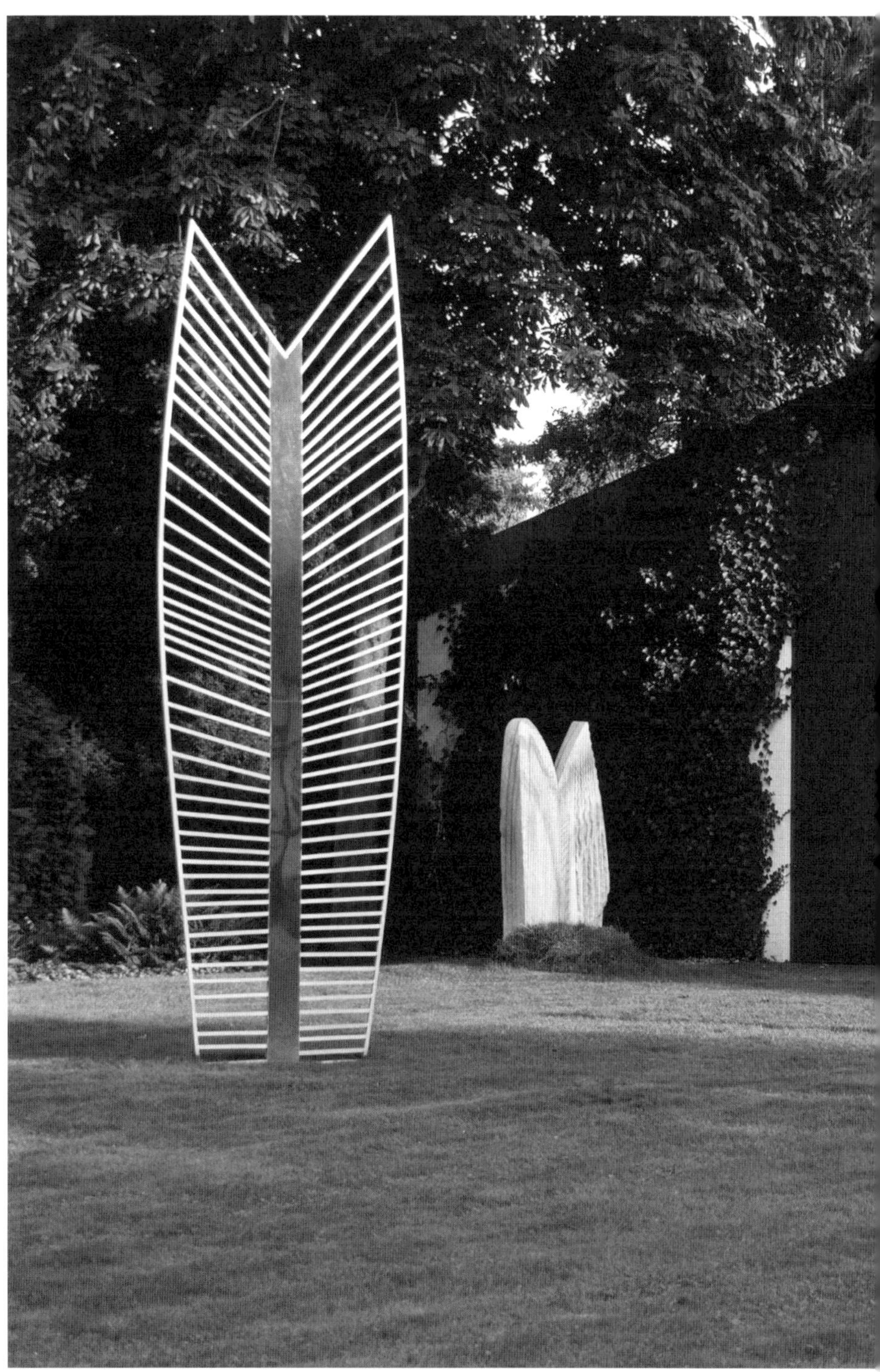

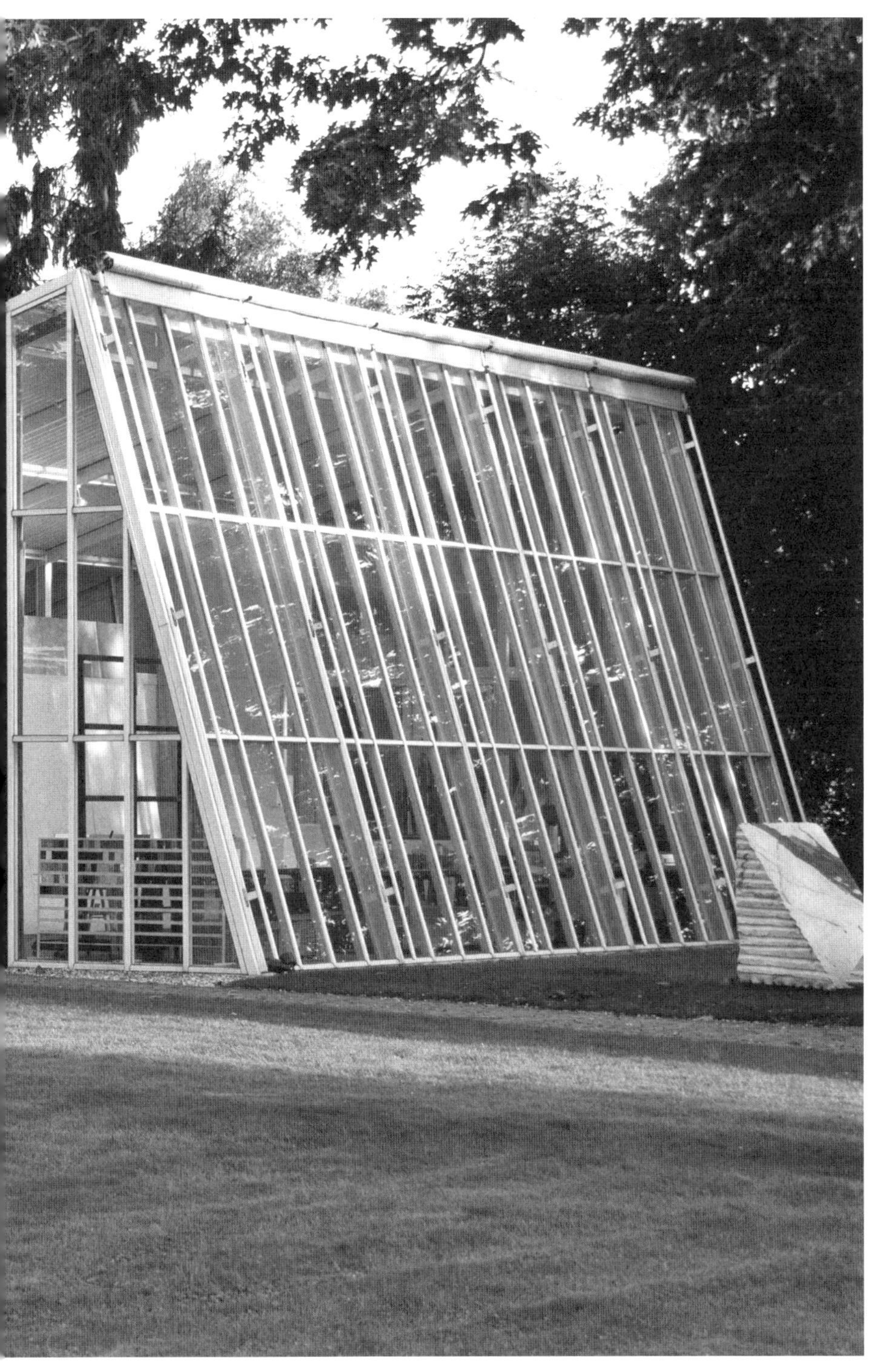

Skulpturenpark und Glasatelier des Künstlers, Huppertzhof

Prof. Dr. Jürgen Wilhelm
Vorsitzender des Vorstandes der Stiftung Max Ernst
Vorsitzender der ZERO foundation

Annette Bosetti
Pädagogin, Journalistin, seit 2004 Kulturchefin bei der *Rheinischen Post*

Ute Mack
Engste Mitarbeiterin von Heinz Mack seit 1985

Prof. Dr. Paul Wolters
Klassenkamerad, Soziologe und Gesundheitswissenschaftler

Dr. Hans Emmerling
Kulturwissenschaftler und Regisseur

Beat Wismer
Kunsthistoriker, Generaldirektor des Museum Kunstpalast in Düsseldorf

Prof. Günther Uecker
Künstler

Dipl.-Kfm. Willi Kemp
Steuerberater und Sammler

Prof. Dr. Dr. h.c.mult. Volkmar Hansen
Professor für Germanistik, Goethe-Spezialist,
langjähriger Leiter des Düsseldorfer Goethe-Museums

Bischof Dr. Friedhelm Hofmann
Bischof von Würzburg

Fritz Bagel
Ingenieur, Mäzen, Reisebegleiter, Sammler

Valerie Hillings, Ph.D.
Kunsthistorikerin, Kuratorin und Managerin Abu Dhabi Projekt,
Solomon R. Guggenheim Foundation

Erika Hoffmann
Unternehmerin, Sammlerin

Hans Frieder Mayer
Galerist für zeitgenössische Kunst

Jan Rüggeberg
Unternehmer, Volkswirt, Sammler, lebt wie Mack zeitweise auf Ibiza

Abbildungsnachweis

Umschlag: Valeria Mack
Umschlagklappe oben: Photowerkstatt Clärchen Baus
Umschlagklappe unten: Andreas Krebs

S. 10 oben: Brigitte Wilhelm
S. 10 unten: Jürgen Wilhelm
S. 13: Thomas Höpker
S. 14: Robert Häusser
S. 18: Norma Langohr/Pressestelle Universität Bielefeld
S. 20: Annette Bosetti
S. 21: Bernd Ahrens
S. 22: Brigitte Wilhelm
S. 23/80: Ursula Kächele
S. 25: Heike Spies
S. 27: Bischöfliches Sekretariat Würzburg
S. 28: Sarien Visser
S. 30/79: Scott Rudd
S. 31: Jens Ziehe
S. 32 Ralph Goertz
S. 42/66: Ute Mack
S. 44: K. Medau
S. 51/67/111/112: Reginald Weiss
S. 63: Lothar Wolleh
S. 74/75/154: Valeria Mack
S. 82: Thomas Bruhns
S. 102: Alessandra Chemollo
S. 115: A. von der Ropp
S. 120/121/123/125: Privatarchiv Bagel
S. 126/132/133: David Heald©SRGF, NY
Solomon R. Guggenheim-Museum
S. 134 oben: Andrea Stappert
S. 134 unten: privat
S. 139: M. Bienert
S. 143/146: Helmut M. Schmitt-Siegel
S. 150: Nils Flemm

Sonstige Nachweise

S. 102:
Heinz Mack *The Sky Over Nine Columns*
Fondazione Giorgio Cini, Isola di San Giorgio Maggiore, Venedig, 3. Juni – 23. November 2014
realisiert durch Beck & Eggeling und Sigifredo di Canossa

S. 98:
Mack-Ein Buch der Bilder: zum westöstlichen Divan von Johann Wolfgang von Goethe, Heinz Mack (Hrsg.), B. Kühlen Verlag, Mönchengladbach 1999.

Die Rückkehr zur Vernunft / Klassiker zwischen 1932 und 1968. Katalog zur Ausstellung. Volkmar Hansen und Heike Spies, Düsseldorf, Goethe Museum 1995.

Mack – Transit zwischen Okzident und Orient. Faszination und Inspiration der islamischen Kultur im Werk des Künstlers. Ein Werkaspekt 1950–2006, Prof. Dr. Claus-Peter Haase (Hrg.), Katalog zur Ausstellung im Pergamonmuseum, Berlin 2006/2007, DuMont Literatur und Kunst Verlag, Köln 2006.

Trotz sorgfältiger Recherche war es nicht in allen Fällen möglich, die Inhaber der Bildrechte zu ermitteln. Wir bitten deshalb gegebenenfalls um Mitteilung.

Impressum

Herausgegeben von
Jürgen Wilhelm
in Zusammenarbeit mit
der ZERO foundation

Redaktion
Katja Sprenger und Bettina Weiand

Grafischer Entwurf
Kühle und Mozer, Köln

Lithografie
Farbanalyse, Köln

Druck und Bindung
Kösel GmbH + Co. KG, Altusried

Papier
150 g/qm, Fly 06 mit 1,20-fachem Volumen

Schrift
Theinhardt (optimo.ch)

Printed in Germany

Die Deutsche Nationalbibliothek verzeichnet diese Publikation in der Deutschen Nationalbibliographie; detaillierte bibliografische Daten sind im Internet über http://www.dnb.de abrufbar.

ISBN 978-3-7774-2377-7

www.hirmerverlag.de